Heinrich Bauregger

DIE SCHÖNSTEN

TAGESAUSFLÜGE

in die Bayerischen Hausberge
zwischen Kampenwand und Neuschwanstein

J. BERG

Inhalt

In den Hausbergen 4

Chiemgauer Alpen

1 **Auf die Kampenwand** 8
2 **Rundtour an der Hochplatte** . . 10
3 **Taubensee von Schleching** 12
4 **Geigelstein von Ettenhausen** . . 14
5 **Klausen und Spitzstein** 16

Inntalberge

6 **Die Kaisertalrunde** 20
7 **Auf den Pendling** 22

Der bizarre Friedenrath an der Hochplatte (Tour 2).

Tegernseer und Schlierseer Berge

8 **Petersbergl und Hohe Asten** . . 2
9 **Brünnstein vom Tatzelwurm** . . . 2
10 **Wirtsalm und Schuhbräualm** . . 3
11 **Gipfelrunde am Wendelstein** . . 3
12 **Auf die Rotwand** 3
13 **Von Tegernsee auf die Neureut** 3
14 **Die Wallbergrunde** 3
15 **Siebenhütten und Wolfsschlucht** 4
16 **Aueralm und Fockenstein** 4
17 **Zu den Schwarzentennalmen** . . 4
18 **Roßstein und Tegernseer Hütte** 4

Das schlichte Gipfelkreuz auf dem Brauneck (Tour 21).

Isarwinkel

19 **Von Lenggries auf die Denkalm** 50

20 **Lenggrieser Hütte und Seekarkreuz** 52

21 **Am Brauneck** 54

22 **Blomberg und Zwiesel** 56

23 **Auf den Staffel** 58

24 **Jochberg und Jocheralm** 60

25 **Zum Herzogstand** 62

Karwendel

26 **Die Rontal-Tortal-Runde** 66

as immer gut besuchte Blomberghaus (Tour 22).

und um Garmisch-Partenkirchen

7 **Hoher Kranzberg und Lautersee** 70

8 **Wank und Esterbergalm** 72

9 **Eckbauer und Partnachklamm** 74

An der Esterbergalm hinterm Wank (Tour 28).

30 **Kreuzeck und Höllentalklamm** 76

31 **Rund um den Eibsee** 78

32 **Coburger Hütte und Drachensee** 80

Ammergauer Alpen

33 **Aufs Ettaler Manndl** 84

34 **Auf die Pürschlinghäuser** 86

35 **Zu den Brunnenkopfhäusern** . 88

36 **Am Tegelberg** 90

37 **Über die Pöllatschlucht zum Alpsee** 92

Register 94

Impressum 96

In den Hausbergen

Die Begeisterung fürs Wandern, für die Erkundung natürlicher Schönheiten muss heutzutage nicht mehr geweckt werden. Doch steht nach wie vor ein Bedürfnis nach Information über das »Wie und Wo«. Dieser Band zeigt Wege auf, die dem Anfänger gut zuzumuten sind, und die ihm einen repräsentativen Querschnitt der bayerischen Voralpenlandschaft von Reit im Winkl bis Füssen nahebringen. Besonders angesprochen sind natürlich auch Familien mit kleinen Kindern, die oft nicht so recht wissen, wieviel sie sich bzw. ihren Kleinen zumuten können. Die meisten der hier vorgestellten Wege sind leicht und in der Regel auch gut ausgeschildert. Auch wurde Wert darauf gelegt, dass sich nahezu an jedem der Tourenvorschläge eine Einkehrmöglichkeit befindet; lediglich bei einem Wandervorschlag müssen Sie sich selbst verpflegen, was nicht heißen soll, dass Sie sonst keine Brotzeit und Getränke mitnehmen sollen. Schließlich können bereits unterwegs Hunger und Durst auftreten, und – nicht zu vergessen – manche bewirtschafteten Almen bzw. Hütten haben auch Ruhetage oder sind nur zu bestimmten Zeiten geöffnet.

Informationen
Alpine Auskunftsstellen:
Deutscher Alpenverein, München:
Telefon: 0 89/29 49 40
Österreichischer Alpenverein, Innsbruck:
Telefon:
00 43/512/53 10 20 175
Alpenvereinswetterbericht (für die gesamten Alpen):
Telefon: 0 89/29 50 70
Internet:
http://www.alpenverein.de/Pages/wetter_act.htm

Die beigefügte Routenkarten soll Ihnen helfen, sich vor Ort zurechzufinden, doch empfehlen wir immer auch die Mitnahme einer Karte im Maßstab 1:50 000 (siehe dazu die Hinweise zu den Kartenblättern des Landesamtes für Vermessung und Geoinformation Bayern (LVG) und den Wanderkarten von Freytag & Berndt (f & b) in den Kurzinformationen.
Die Zeichen in den Kartenskizzen bedeuten folgendes: P steht für Parkplatz bzw. Parkmöglichkeit, das Hüttensymbol steht für bewirtschaftete Hütten und Almen, das Dreieck für Gipfel und der Richtungspfeil zeigt die Laufrichtung bei Rundwanderungen an.

Da die Wanderungen ganz bewusst nicht immer tagesfüllend angelegt wurden, finden Sie Hinweise auf ein kühles Bad, einen interessanten Museumsbesuch oder einen beschaulichen Ortsrundgang für die verbleibende Zeit nach der Tour.

Bild Seite 5: Von der Rontal-Tortal-Tour (Tour 26) ist es nur mehr ein Sprung in die Eng mit ihrem großen Almdorf.

Erlebnisreiche Stunden und eine entspannende Erholung in den Bayerischen Hausbergen wünscht Ihnen Ihr

Heinrich Bauregger

Chiemgauer Alpen

1 Auf die Kampenwand

Anfahrt

Auto Über Salzburger Autobahn bis Ausfahrt Frasdorf, dann auf der Landstraße über Aschau nach Hohenaschau. Dort gebührenpflichtiger Parkplatz an der Talstation der Kampenwandbahn.

Höchster Punkt Kampenwand, 1664 m

Zeit Von der Bergstation auf dem Panoramaweg bis zur Steinlingalm 30 Min., evtl. Abstieg nach Hohenaschau knappe 2 Std.; insgesamt: 2.30 Std.
Schwierigkeit Breite und leicht begehbare Wanderwege. Ideal auch für eine Schar Kinder. Der Gipfel erfordert aber unbedingte Trittsicherheit und Schwindelfreiheit (eine stark ausgesetzte Stelle, jedoch mit Seilsicherung).
Karte Topographische Karte 1:50 000 Chiemsee – Chiemgauer Alpen (LVG).

Und nach der Tour

Im Schloss Hohenaschau wurde das Prientalmuseum eingerichtet. Teile der Rüstkammer können besichtigt werden. Außerdem gibt es einen Überblick über die ehemalige Eisenindustrie im Priental. Auch finden wir dort ein Burgladerl und ein Burgcafé.

Vorangehende Doppelseite: Blick über die Chiemhauser Alm auf den Geigelstein.

Bild unten: Die Bergweiden der Kampenwand vor den Gipfelfelsen.

Die Kampenwand ist unbestritten die Nummer eins im Chiemgau – vom Standpunkt des Wanderers und des Bergbahnausflüglers gesehen. Die Kampenwand vereinigt alle wesentlichen Elemente, die ein Ausflugsziel der Extraklasse aufweisen muss: eine Bergbahn, die uns rasch die Talniederungen vergessen lässt, eine hervorragende Aussicht, ein aufregendes Gipfelziel und zahlreiche Einkehrmöglichkeiten. Falls wir den hahnenkammartigen Felsgipfel nicht ersteigen wollen, macht's nichts, die Wanderung bergab von der Steinlingalm ist Verlockung genug.
Die Kampenwandbahn bringt uns erst mal flott auf eine Höhe von 1500 Meter. Bei der Bergstation liegt schon das erste verlockende Einkehrziel, die Sonnenalm. Von dort führt ein breiter und bequemer Panoramaweg hinüber zur Steinlingalm auf der Kampenhöhe.
Dort ist Platz, um den ganzen Tag zu verbringen: um zu schauen, zu rasten, die kleine Kapelle nebenan zu besichtigen, ja, falls man wirklich trittsicher ist, sogar hinaufzusteigen zum Ostgipfel der Kampenwand, den ein riesiges Kreuz weithin sichtbar ziert (übrigens: das

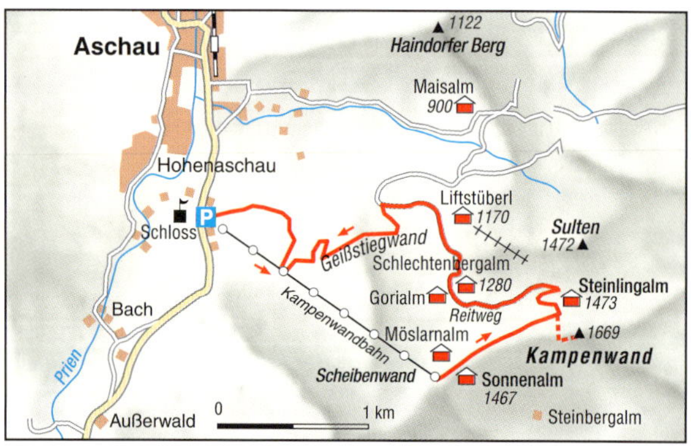

größte Kreuz in den Bayerischen Voralpen). Direkt von der Steinlingalm führt ein Steig südwärts empor bis in eine Scharte im felsigen Kamm des Massivs. Kurz unterhalb der Scharte hält man sich links durch die von glatten Wänden begrenzten »Kaisersäle«. Durch dieses schluchtartige Gelände erreicht man den Gipfelaufschwung des Kampenwand-Ostgipfels. Glatter, abgespeckter Fels, Drahtseilsicherung und eine Eisenbrücke vermitteln den Anstieg zum 1664 Meter hohen Gipfel. Beeindruckend, das massive Gipfelkreuz, das an die Gefallenen der Weltkriege erinnert.

Der Abstieg vollzieht sich am Anstiegsweg, und es gilt dasselbe wie für den Aufstieg: erhöhte Vorsicht! - Wenn es dann Zeit ist, steigen wir von der Alm auf dem breiten Wanderweg gemütlich talwärts. Vorbei an der Bergwachthütte unterqueren wir einen Sessellift und gelangen so zu einer Gabelung; dort links weiter zur Schlechtenbergeralm. Wir folgen dem breiten Reitweg weiter talwärts, vorbei an der Schlechtenberger Kapelle, queren dann hinüber zur Geißstiegwand. In einigen weiteren Kehren geht es nun – immer gut ausgeschildert - hinab nach Hohenaschau und damit auch zur Talstation der Bergbahn, unserem Ausgangspunkt.

Schloss Hohenaschau im Tal der Prien, eine der großen und gut erhaltenen mittelalterlichen Befestigungen im Chiemgau.

Einkehr

■ **Die Sonnenalm** (Kampenwandhaus), jeweils bei der Bergstation, die Steinlingalm (Montag Ruhetag), die Schlechtenbergeralm und die Gorialm sind nahezu ganzjährig bewirtschaftet.

2 Rundtour an der Hochplatte

Anfahrt

■ Auf der Autobahn München - Salzburg bis Ausfahrt Bernau. In südöstlicher Richtung nach Marquartstein und dort zum Ortsteil Piesenhausen-Niedernfels. Parkplatz bei der Talstation des Sessellifts (Mittagspause!).

Und nach der Tour

Was böte sich besser an als ein Bad im oder eine Kahnpartie auf dem nahen Chiemsee. Insbesondere für Kinder interessant: der Märchen- und Erlebnispark (mit Sommer-Rodelbahn) in Niedernfels bei Marquartstein. Von ca. Ostern bis Anfang November täglich von 9 – 18 Uhr geöffnet.

Die Staffnalm erwartet uns mit einer großen Aussichtsterrasse.

Höchster Punkt Hochplatte, 1587 m

■ **Zeit** Von der Bergstation des Sessellifts bis zum Gipfel der Hochplatte etwa 1.30 Std. (bei Verzicht auf den Sessellift muss man 3 Std. für den Aufstieg einplanen). Der Abstieg von der Hochplatte nach Marquartstein erfordert 1.30 bis 2 Std; insg.: etwa 3 bis 3.30 Std.
■ **Schwierigkeit** Wanderwege und Bergsteige.
■ **Karte** Topographische Karte 1:50 000 Chiemsee – Chiemgauer Alpen (LVG).

Hoch über dem Chiemsee erhebt sich eine gleichförmige Pyramide, ein sanfter Berg mit Wald und Wiesen, die Chiemgauer Hochplatte. Ein idealer Wanderberg mit Einkehrmöglichkeit und großartig vielfältiger Aussicht: Im Süden Wilder Kaiser, Hohe Tauern, Watzmannstock, im Norden der Chiemsee mit seinen Inseln, dazu das vorgebirgige Land, wo Zwiebeltürme sich gen Himmel recken, wo die Bauern der Landschaft Gestalt geben, wo es so bayerisch anmutet, wie nirgendwo sonst.

Warum nicht mal bequem sein und sich vom Sessellift hinaufbringen lassen auf knapp 1200 Meter Höhe. Wo doch der Fußweg bis dorthin so spannend nicht wäre: eine Forststraße, breit und ein wenig monoton. Ist man aber erst einmal oben an der Bergstation des Sessellifts, dann ist das Wandern der wahre Genuss. Etwa hundert Höhenmeter oberhalb der Forststraße zieht ein Wanderweg in südwestlicher Richtung. So bummelt man gemächlich ansteigend unter dem 1432 Meter hohen Friedenrath vorbei, weiter zum Haberspitz, zur Piesenhauser Hochalm und zum Grassauer Haus. Hier, gut 200 Meter unterm Gipfel der Hochplatte, wird während der

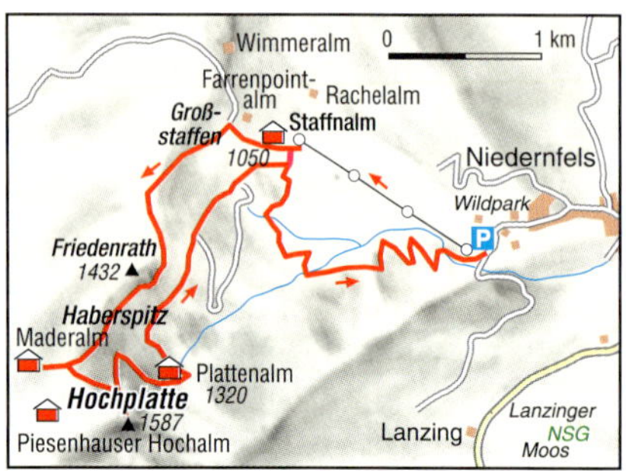

Wandersaison einfache Bewirtschaftung geboten, was heißen soll, dass sich der Durst hier löschen läßt und eine Brotzeit mit Bergkäs oder Speck zur Stärkung gereicht wird, selbst dann, wenn man sie bei diesem Alpenspaziergang gar nicht nötig hätte.
Auch der Gipfelanstieg vollzieht sich auf breitem, gutem Weg. Nach etwa 1.30 Stunden seit dem Aussteigen aus dem Sessellift erreicht man den 1587 Meter hohen Gipfel der Hochplatte und gibt sich ganz dem Schaugenuss hin. Für den Abstieg empfiehlt sich der Anstiegsweg. Wer aber auf den Sessellift verzichten möchte, kann gleich bei der Staffn-Alm den Forstweg einschlagen, der in weiten Kehren hinunterführt nach Niedernfels-Marquartstein. Hier lässt man den Tag am besten mit einer kleinen kulturellen Sightseeing-Tour ausklingen. Denn der Chiemgau ist altbairisches Kulturland, und wenn man schon einmal da ist, sollte man möglichst intensive Eindrücke von dieser Region mitnehmen können.
Zum Abschluss also ein Besuch der Schlosskapelle von Marquartstein, ein Quentchen Andacht und danach in einem Biergarten eine wohlverdiente Maß.

Eine der vielen Almen an der Hochplatte – wie sie typischer nicht sein könnte.

Einkehr

- **Piesenhauser Hochalm**, 1335 m (einfach bewirtschaftet) und **Plattenalm**.
- **Berggasthof Staffn-Alm** bei der Bergstation, mit Terrasse (nahezu ganzjährig geöffnet).
- **Maderalm** (etwas abseits der Route gelegen, im Sommer einfach bewirtschaftet).

3 Taubensee von Schleching

Anfahrt

■ Auf der Salzburger Autobahn bis zur Ausfahrt Bernau, dann weiter auf Landstraße über Marquartstein bis zur Tiroler Grenze. Vor dem ehemaligen Zollamt zweigt links eine Asphaltstraße ab, die hinauf zur kleinen Ortschaft Achberg führt. Bei der ersten Straßenverzweigung rechts weiter bis zum Ende der öffentlich befahrbaren Straße. Dort ausreichend Parkmöglichkeiten.

Und nach der Tour

Bademöglichkeiten bestehen in Unterwössen am kleinen Wössener See mit Badeanstalt sowie am Zellersee bei Mettenham.

Höchster Punkt Gasthaus Taubensee, 1165 m

■ **Zeit** Zum Taubensee 1.30 Std., für den Abstecher zum Gasthaus Taubensee weitere 20 Minuten. Den Abstieg bewältigen wir in 45 Min.; insgesamt: gut 2 .30 Std.

■ **Schwierigkeit** Forstwege und einfache, z. T. jedoch steile Bergwege.

■ **Karte** Topographische Karte 1:50 000 Chiemsee – Chiemgauer Alpen (LVG).

Der Chiemgau hat zahlreiche Seen an seinem nördlichen Rand aufzuweisen, doch keine Gebirgsseen. Mit einer Ausnahme: den Taubensee. Versteckt in den Wäldern oberhalb von Reit im Winkl und dem Tiroler Achental fristet er jedoch keine einsame Existenz; er ist vielmehr gerne besuchtes Ziel von Wanderungen aus allen vier Himmelsrichtungen. Und praktischerweise findet sich gleich nebenan ein nahezu ganzjährig bewirtschaftetes Gasthaus.

Beim zweiten Parkplatz auf der Anfahrt zur Streichenkapelle verzweigen sich die Wege. Wir nehmen den linken und wandern ein kurzes Stück bergwärts, bis links der markierte Steig Richtung Taubensee abzweigt. Durch Wald und über Wiesen gelangen wir so zu einer weiteren Forststraße. Hier biegen wir rechts ein und steigen nun etwas steiler in zwei Kehren hinauf zur Donaueralm. Bei der nächsten

Abzweigung halten wir uns rechts und steigen dann in einem Linksbogen bis an den Steilaufbau der Rauhen Nadel. Dort zweigt rechts der so genannte Kroatensteig ab (eine Erinnerung an die hier eingedrungenen kaiserlichen Truppen aus der Zeit des Spanischen Erbfolgekrieges). Nun steil in zahlreichen Serpentinen hinauf und über den Kamm der Rauhen Nadel; dort rechts hinab zum Taubensee und kurz ansteigend zum Gasthaus. – Für den Rückweg nehmen wir eine Variante und steigen zwischen Gasthaus und See links hoch, um dann steil durch die Nordhänge der Rauhen Nadel auf der anderen Seite abzusteigen, wo wir auf unseren Anstiegsweg treffen.

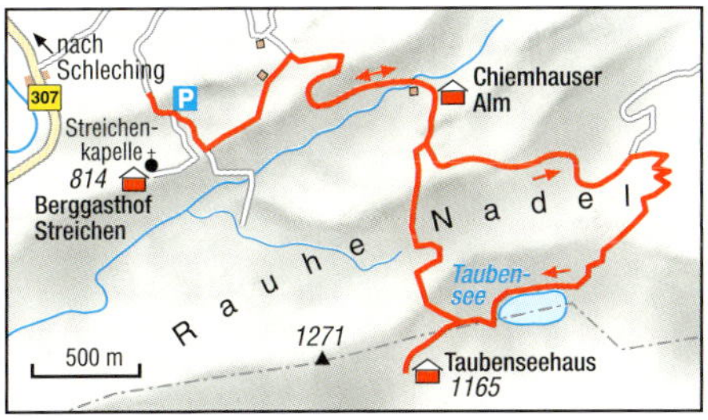

Der Taubensee (Foto links) und das Taubenseehaus (Bild oben) bilden eine ideale Kombination für einen leichten Wanderausflug.

Einkehr

Das Gasthaus Taubensee ist nahezu ganzjährig bewirtschaftet. In Nähe des Ausgangspunktes liegt das Gasthaus Streichen mit interessanter, mittelalterlicher Kapelle.

4 Geigelstein von Ettenhausen

Anfahrt

■ Über die Salzburger Autobahn bis zur Ausfahrt Bernau, dann auf der Landstraße nach Schleching und weiter bis Ettenhausen. Dort Parkplatz an der Talstation der Sesselbahn.

Höchster Punkt Geigelstein, 1813 m

■ **Zeit** Von der Bergstation der Sesselbahn 2 Std. bis zum Gipfel. Für den Abstieg zur Bergstation 1.15 Std., für den Abstieg ins Tal 1 Std.; insgesamt: 4 .15 Std.
Schwierigkeit Almwege und Bergsteige. Im oberen Teil ist die Route sehr stark der Sonne ausgesetzt. Der Übergang vom Geigelstein über die Rossalm zur Dahlsenalm ist in der Zeit vom 1. November bis zum 31. Mai aus Naturschutzgründen gesperrt.
Karte Topogr. Karte 1:50 000 Chiemsee – Chiemgauer Alpen (LVG).

Der Geigelstein, Hausberg der Schlechinger und viel besuchter Wanderberg, nimmt eine Sonderstellung ein. Neben der Kampenwand gehört er zu den höchsten und meistbesuchten Gipfeln der westlichen Chiemgauer Alpen. Seine Lage am Südrand der Chiemgauer bürgt für eine grandiose Aussicht. Ein weiteres Plus: Seit 1991 steht der Geigelstein wegen seiner einzigartigen Flora und Fauna unter Naturschutz. Seine geologische Vielfältigkeit hat an seinen Berghängen ein weites florales Artenspektrum entstehen lassen. Zu den botanischen Raritäten gehört z. B. Widder's Kohlröschen.

Doch auch die Tierwelt präsentiert sich dort oben ähnlich vielfältig. Neben Reh-, Rotwild und Gämsen haben auch Auerhühner, Birkhühner, Haselhühner und das seltene Alpenschneehuhn ihren Lebensraum am Geigelstein gefunden. Damit verbunden ist allerdings auch ein Wegegebot und ein zeitweiliges Betretungsverbot bestimmter Bereiche. Von allen Seiten führen Wege auf seinen Gipfel, doch seinen Ruf als Modeberg hat er durch den »Ansturm« auf seiner Ostseite. Dort hilft nämlich die Geigelsteinbahn hinauf zur

Und nach der Tour

Ein Rundgang durch den traditionsreichen Ort Schleching mit seinen reizvollen alten Bauernhäusern. Das bereits im 10. Jahrhundert urkundlich als »Slehingin« genannte Dorf weist mit der Pfarrkirche St. Remigius ein frühes Beispiel des bayerischen Rokoko auf. Sehenswert ist auch der Friedhof mit den zahlreichen kunstvoll geschmiedeten Grabkreuzen.

Das kleine Gipfelhüttchen am Geigelstein bietet bei Schlechtwetter Schutz.

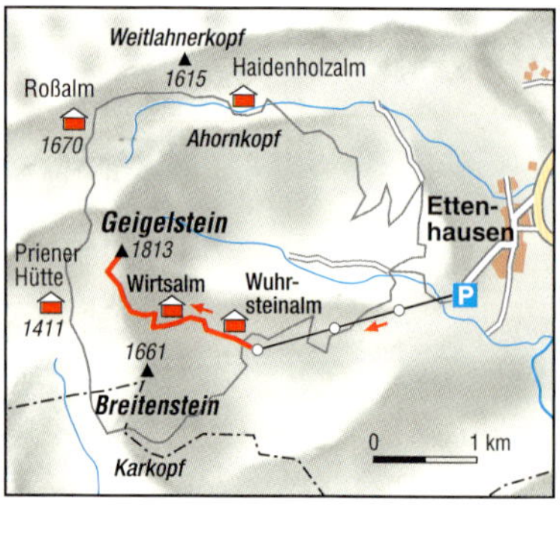

Der Geigelstein vom Breitenstein aus gesehen.

Wuhrsteinalm, um knapp 500 Höhenmeter einzusparen. Wer den Sessellift verschmähen will, darf von Ettenhausen, dem Ausgangsort, natürlich auch zu Fuß auf einer schattigen Forststraße hinauf zur Wuhrsteinalm wandern.

Die, die etwas Zeit »sparen« wollen, starten ihre Tour an der Bergstation und steigen zuerst in 10 Minuten hinauf zum Berggasthof Wuhrsteinalm. Dort beginnt der Wanderweg zum Geigelstein. Auf gut markiertem Weg – zum Teil in Serpentinen – steigen wir zuerst über Almwiesen hinauf zur direkt oberhalb gelegenen Wirtsalm, wo wir den rechten Wegverzweiger nehmen. Der Steig verläuft dann durch die schrofendurchsetzte, der Sonne ausgesetzte Südflanke des Geigelsteins und führt hinauf zur Geigelsteinscharte, die uns dann einen reizvollen Blick hinab zur Priener Hütte gestattet. Wir gehen nun rechts durch Latschen weiter steil aufwärts zum Gipfel mit Kreuz und kleiner Kapelle.

Den Abstieg bewältigen wir am besten auf der Anstiegsroute, denn so kommen wir am schnellsten zu einer Einkehrmöglichkeit. Und falls uns dabei die Knie weich geworden sind lassen wir uns gemütlich mit dem Sessellift ins Tal hinunterschaukeln.

Einkehr

- **Wuhrsteinalm**, 1140 m (ganzjährig bewirtschaftet, außer November und die ersten Wochen nach Ostern).
- **Liftstüberl** an der Talstation der Geigelsteinbahn.

5 Klausen und Spitzstein

Anfahrt

■ Salzburger Autobahn bis Inntaldreieck, dann weiter Richtung Innsbruck bis zur Ausfahrt Brannenburg/ Degerndorf; über Nußdorf nach Windshausen zum Grenzübergang. In Ortsmitte von Erl – bei der Pfarrkirche – links und kurvenreich hinauf ins Trockenbachtal; 6 km hinter Erl verzweigt sich die Straße: zur Klausen links weiter bis zum Ende der öffentlichen Fahrstraße, rechts zum Parkplatz am Erler Berg für die Spitzsteintour.

Und nach der Tour

Ein Besuch von Neubeuern mit seinem reizvollen Ortskern.

Die Klausen am Gipfel des Klausenbergs.

Höchster Punkt Spitzstein, 1596 m; Klausen, 1508 m

■ **Zeit** Anstieg Klausen 2.30 Std., Abstieg 1.30 Std.; insgesamt: 4 Std. Anstieg Spitzstein 1.30 Std Abstieg 1 Std.; insgesamt: 2.30 Std.
■ **Schwierigkeit** Almfahrwege. Das jeweils letzte Stück besteht aus leichten Bergwanderwegen (z.T. steil).
■ **Karte** Topographische Karte 1:50 000 Chiemsee – Chiemgauer Alpen (LVG).

Die Klausenhütte – von den Einheimischen auch nur Klausen genannt – liegt auf dem Kamm, der sich von Aschau nach Süden zieht und im markanten Spitzstein kulminiert. Ihre freie Lage, die gute Aussicht garantiert, und ihr gemütlicher Charakter haben sie zu einer kleinen Bergwanderinstitution werden lassen. Der wohl am häufigsten gemachte Anstieg ist der von Hammerbach im Priental; doch wer es noch etwas ruhiger haben will, ist mit dem Aufstieg durch das Trockenbachtal gut beraten. Wer noch Kräfte übrig hat, kann nach dieser Tour noch einen Abstecher auf den Spitzstein wagen, der von dieser Seite her ein Kinderspiel darstellt.
Vom Parkplatz im unteren Trockenbachtal am Ende der öffentlichen Straße wandern wir nur unmerklich ansteigend talein. Vorbei an der Jausenstation Köndlötz (etwas rechts vom Weg) weiter durch das im unteren Bereich bewaldete Tal, bis wir auf einige Almen stoßen. Am Ende des Almgebiets, bei den Jagdhütten, verzweigt sich der Fahrweg. Nun rechts in Kehren hinauf durch Wald – bei den weiteren Verzwei-

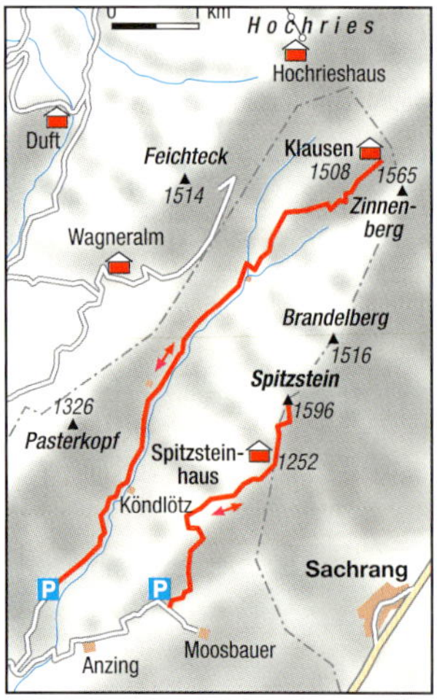

gungen links halten, bis rechts der ausgeschilderte Steig zur Klausenhütte abzweigt. Noch eine halbe Stunde Gehzeit, und wir haben die Kammhöhe mit dem einladenden kleinen Berggasthaus direkt auf der bayerisch-österreichischen Grenze erreicht. Für die Rückkehr benutzen wir den Anstiegsweg.

Das Anfang der achtziger Jahre – nachdem das alte Haus durch einen Brand vernichtet worden war – neu errichtete Spitzsteinhaus ist durch seine günstige Lage und seine leichte Erreichbarkeit gerade von der Tiroler Seite aus eine immer wiederkehrende Verlockung. Und der Gipfelblick vom Spitzstein, dem höchsten Gipfel der westlichen Chiemgauer Alpen, reicht von den Berchtesgadener Alpen über die Felszinnen des Wilden Kaisers bis hinein in die Zentralalpen. Vom Parkplatz am obersten Ende des Erler Bergs schlendern wir gemütlich auf dem gesperrten Fahrweg in einer knappen halben Stunde hinauf zum Spitzsteinhaus. Zum Gipfel führt nun ein rot markierter Steig vom Haus zuerst mäßig, dann bald steil ansteigend über den freien Südhang und im obersten Teil durch Wald zum höchsten Punkt mit Kreuz und kleiner Kapelle. Abstieg wie Anstieg.

Der bequeme Almweg durchs obere Trockenbachtal.

Nachfolgende Doppelseite: Blick über das Inntal bei Flintsbach.

Einkehr

■ **Spitzsteinhaus**, Alpenvereinshaus, ganzjährig bewirtschaftet, mit Übernachtungsmöglichkeit.
■ **Klausen** (Die Klausenhütte ist zur Zeit geschlossen. Ein Zeitpunkt der Wiedereröffnung ist noch nicht bekannt).

Inntalberge

6 Die Kaisertalrunde

Anfahrt

■ Auf der Inntalautobahn bis zur Ausfahrt Kufstein Nord, dann zum Ortsteil Sparchen direkt gegenüber; dort Parkplatz am Eingang zum Kaisertal.

Höchster Punkt Vorderkaiserfeldenhütte, 1388 m

■ **Zeit** Kufstein-Sparchen – Vorderkaiserfeldenhütte 2.30 Std., weiter zum Anton-Karg-Haus 1.15 Std., Rückkehr nach Kufstein 2 Std.; insgesamt: 5.45 Std.

■ **Schwierigkeit** Wirtschaftssträßchen und Wanderwege, teilweise recht steil.

■ **Karte** f&b-Wanderkarte 1:50 000 (WK 301) Kufstein – Kaisergebirge – Kitzbühel.

Die Toren werden eine Tour wie die hier vorgeschlagene wahrscheinlich – sofern des bajuwarischen Idioms mächtig – als »Hatscher« abtun. Wir Weisen dagegen wissen, dass es dem Menschen nicht gut gehen kann, wenn er nicht geht, und nehmen diesen Hatscher freudig hin. Doch zum Auftakt der Tour haben die Götter trotzdem den Schweiß gesetzt, denn der Anstieg aus dem Kaisertal über die Rietzaualm zur Vorderkaiserfeldenhütte ist steil, ja sehr steil.

Wir starten also am großen Wanderparkplatz in Sparchen, erklimmen zunächst die vielen Stufen der Sparchenstiege und erreichen so den Eingang ins Kaisertal, das mittlerweile – trotz der allfälligen Proteste – eine Straßenzufahrt hat. Die Zufahrt ist aber nur den ortsansässigen Bauern und Gastwirten erlaubt. Wanderer sind nach wie vor ungestört.

Nun folgen wir dem Talweg bis über den seit kurzem wieder bewirtschafteten Veitenhof hinaus, bis links der steile Fußweg in Richtung Vorderkaiserfeldenhütte abzweigt. Unsere Route führt, stetig steigend, durch Wald hinauf zum kleinen Plateau der bewirtschafteten Rietzaualm, wo wir uns eine erste Rast gönnen.

Und nach der Tour

Falls wir nach dieser langen Tour noch Energie haben, können wir noch einen Badeaufenthalt einlegen. Dazu bieten sich entweder der Stimmersee bei Wiesing oder der Hechtsee oder der Thiersee an. Alle drei verfügen über einen Badeanstalt und eine Einkehrmöglichkeit.

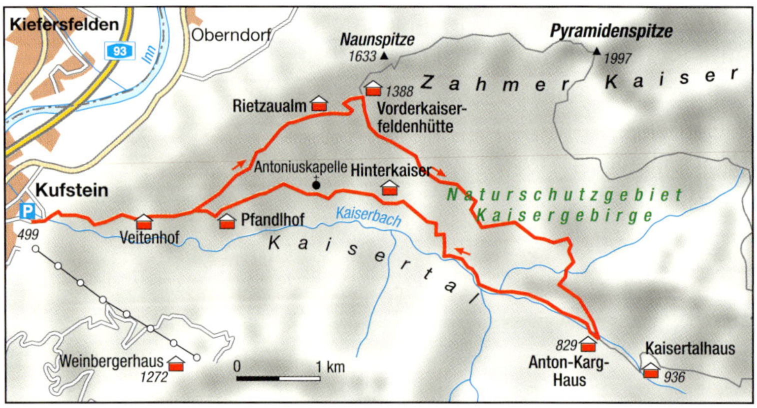

Schon während des Aufstiegs eröffnet sich die Aussicht auf die »Kaiserlichen Majestäten« – Totenkirchl, die Halten, den ganzen Kamm vom Sonneck bis zum Scheffauer. Dann steigen wir in weiten Kehren hinauf zur Vorderkaiserfeldenhütte. Von der Hütte aus können wir dann auch noch weit ins Inntal und ins Alpenvorland schauen. Genießen wir's, denn diese Aussicht kommt nicht wieder! Dafür kommen wir auf unserem Weiterweg über den bewaldeten Kegelboden den Gipfeln des Wilden Kaisers immer näher. Bald treffen wir auf den »Oberen Kaisertalweg«, der von der Antoniuskapelle herüberkommt, und steigen dann auf ihm weiter ab über die Hechleitenalm zum Anton-Karg-Haus. Wir sind nun am »Hinterbärenbad«.
Hier war und ist immer noch eines der Zentren für die Besteigung der wichtigen Kaiser-Gipfel. Das stattliche Unterkunftshaus wurde 1895 im Schweizer Stil erbaut, nach einem Brand im Jahre 1899 jedoch sogleich wieder errichtet. Auf unserem Rückweg durch das Kaisertal nehmen wir die Route über die Antoniuskapelle und kehren dann noch im Pfandlhof ein, der bereits seit 1788 in Familienbesitz ist. Auf unserem Rückweg über die Antoniuskapelle können wir dann noch im Pfandlhof einkehren.

Am Aufstieg von der Rietzaualm in Richtung Pyramidenspitze bietet sich ein prächtiger Tiefblick auf das Inntal mit Kufstein und Kiefersfelden.

Einkehr

- **Rietzaualm** (nahezu ganzjährig bewirtschaftet).
- Die **Vorderkaiserfeldenhütte** ist ganzjährig, das
- **Anton-Karg-Haus** von Mai bis Ende Oktober bewirtschaftet.
- Die **Jausenstation Hinterkaiser** ist bewirtschaftet.
- Der **Pfandlhof** und der **Veitenhof** im Kaisertal (jeweils mit Übernachtungsmöglichkeit).

7 Auf den Pendling

Anfahrt

■ Auf der Inntalautobahn bis zur Ausfahrt Kufstein Nord, dann weiter Richtung Süden zum Ortsteil Zell. Wir haben drei Alternativen: Nun entweder nach Vorderthiersee oder geradeaus weiter zum Parkplatz am Stimmersee; die dritte Möglichkeit ergibt sich, wenn wir bis Unterlangkampfen weiterfahren. Falls wir mit der Bahn anfahren, können wir vom Bahnhof direkt zum Stimmersee wandern.

Höchster Punkt Pendling, 1563 m

■ **Zeit** 3.30 bis 4 Std. vom Stimmersee (vom Bahnhof Kufstein 1 Std. länger) bzw. von Unter Langkampfen aus, 2.30 bis 3 Std. von Thiersee aus. Abstieg 2 bis 3 Std.; insg.: 5 bis 7 Std.
■ **Schwierigkeit** Bergwanderwege ohne Schwierigkeiten, der Anstieg von Unter Langkampfen ist jedoch vergleichsweise steil.
■ **Karte** f&b-Wanderkarte 1:50 000 (WK 301) Kufstein – Kaisergebirge – Kitzbühel.

Fährt man inntalaufwärts nach Tirol hinein, so sticht einem alsbald rechter Hand die mächtige Gestalt des Pendlings ins Auge, der sich rund tausend Meter über den Talboden erhebt. Sein Südostabbruch täuscht glatt darüber hinweg, dass wir es eigentlich nur mit einem Vor- alpenberg zu tun haben, der seinen Gipfel nicht einmal richtig über die Baumgrenze hinausreckt. Wen wundert's: Dank seiner Aussicht zählt er zu Recht zu den beliebtesten Wanderzielen rund um Kufstein.

Der Pendling ist im wahrsten Sinne des Wortes der Hausberg der Kufsteiner, steht doch direkt auf seinem Gipfel das Kufsteiner Haus. Wegen seiner leichten Erreichbarkeit und seiner anregenden Aussicht bietet es sich für Feiern aller Art geradezu an, und das sollten wir bei unserer Tourenplanung bedenken. Andererseits sind wir bei einem Berg dieser Größenordnung aber kaum auf einen festen Stützpunkt angewiesen.

Und nach der Tour

Ein Abstecher nach Kufstein mit Besuch der Festung, in der sich die größte Orgel der Welt – die so genannte Heldenorgel – befindet.

Das massiv gebaute Kufsteiner Haus am Pendling trotzt allen Witterungen.

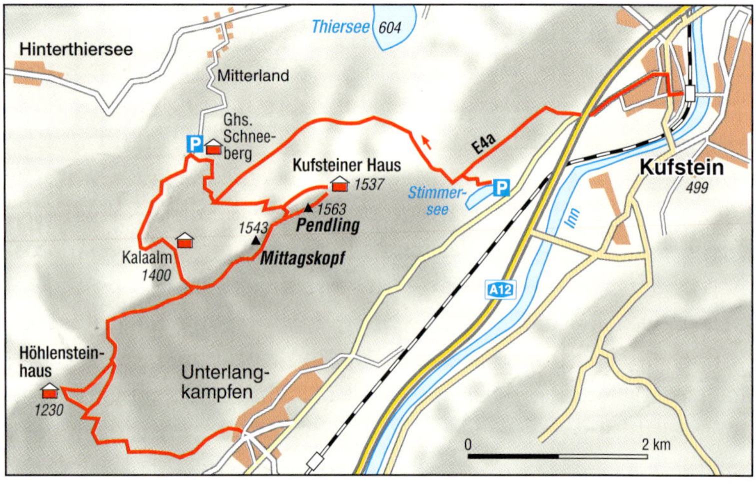

Der Pendling (rechts im Hintergrund) von seiner »schwachen« Seite.

Der Weg auf den Pendling beginnt am Stimmersee, fast noch am Stadtrand von Kufstein. Wer sich noch einige von den ohnehin nicht allzu vielen Aufstiegsmetern sparen will, kann auch vom Tiersee oder – wenn schon, denn schon – von den letzten Häusern von Mitterland (an der Straße nach Hinterthiersee) starten. Wer es gerne etwas steiler hat, beginnt seine Tour in Unterlangkampfen.

Unser Anstieg vom Stimmersee führt meist durch Wald (er kann gar nicht anders), muss sich Mühe geben, die Forststraße zu vermeiden und bietet wenig Spektakuläres. Erst auf der langen Ost-West-Querung unterm Gipfel öffnet sich die Aussicht nach Norden und Westen; wir sehen das Hintere Sonnwendjoch, den unverwechselbaren Doppelgipfel des Gufferts und das Karwendel.

Dafür entschädigt der höchste Punkt mit einer Paradeaussicht auf die umfassende Gipfel-Vollversammlung des mittleren und östlichen Nordtirols. Vor allem die beiden Massive des Kaisergebirges präsentieren sich zum Greifen nahe und aus ungewohnter Perspektive.

Den Abstieg können wir auch vom Gipfel direkt auf dem Gipfelkamm nach Südwesten über den Mittagkopf beginnen und haben dann bei der Jausenstation Kala nochmal Gelegenheit einzukehren. Wenn wir dann die Runde voll machen, treffen wir wieder auf unseren Anstiegsweg, dem wir hinab zum Stimmersee folgen.

Einkehr

- **Kufsteiner Haus** und
- **Höhlensteinhaus** sind von Anfang Mai bis Ende Oktober bewirtschaftet.
- **Jausenstation Kala** (im Sommer bewirtschaftet).
- **Gasthaus Schneeberg** am Anstieg von Thiersee (ganzjährig bewirtschaftet).

Tegernseer und
Schlierseer Berge

8 Petersbergl und Hohe Asten

Anfahrt

■ Auf der Salzburger Autobahn bis zum Inntaldreieck, dann weiter Richtung Innsbruck bis zur Ausfahrt Brannenburg/Degerndorf; in Degerndorf links nach Flintsbach; dort bis zum südlichen Ortsende, dann rechts in den Astenweg, am Waldrand befindet sich ein Wanderparkplatz.

Und nach der Tour

Ins Freibad bei Flintsbach oder zum so genannten Hawaiisee.

Vorangehende Doppelseite: Blick über den Tegernsee. Im Hintergrund der Wallberg.

Höchster Punkt Astenhöfe, 1104 m

■ **Zeit** Von Flintsbach auf das Petersbergl 1 Std., zur Hohen Asten plus 1 Std., Rückweg 1.30 Std.; insgesamt: 3.30 Std.
Schwierigkeit Breite, aber gesperrte Fahrwege. Der erste Teil des Anstiegs ist sehr steil.
Karte Topographische Karte 1:50 000 Mangfallgebirge (LVG).

Fährt man auf der Inntalautobahn Richtung Grenze, sieht man rechts oben ein helles Kirchlein herunterleuchten. Es ist die alte Propsteikirche auf dem Petersbergl aus dem 12. Jahrhundert, die jahrhundertelang ein beliebtes Wallfahrtsziel darstellte. Schon in einer Stunde ist man oben und kann den freien Blick auf das Inntal genießen. Und nebenan steht das alte Propsteihaus aus dem 17. Jahrhundert, das dem Stil unserer Zeit gemäß zu einer Wirtschaft umfunktioniert wurde. Hat man danach noch etwas Muße, bietet sich der reizvolle Weiterweg zu den bewirtschafteten Astenhöfen an – übrigens die höchstgelegenen, ganzjährig bewohnten Bauernhöfe in Deutschland.

Die Entstehung der Petersbergkirche bei Flintsbach lässt sich nur bedingt datieren und rekonstruieren. Der keltisch-römische Name »Madron«, der dieses kleine Bergmassiv ursprünglich bezeichnete, lässt jedoch bereits auf eine frühere Bedeutung schließen. Man nimmt an, dass es sich hier um eine vorchristliche Kultstätte gehandelt hat. Einige Sagen um diesen Berg und der Vergleich mit weiteren »Petersbergen« unterstützen diese Annahme. Den Bau der Kirche und der Klosterzelle datiert man auf das Jahr 1139. Nach wechselndem Besitz der Kirche, deren Geschichte eng mit jener der Falkensteiner zusammenhing – die Ruine der Burg können wir am Bergfuß betrachten; sie wurde 1296 zerstört –, wurde sie 1803 säkularisiert. Bis dahin hatte sie jahrhundertelang als Wallfahrtskirche gedient, da einige Reliquien aus dem Heiligen Land dort als Heiligtümer verwahrt waren, danach war sie Anrufungsort für Pestgeschädigte.

Um sie vor dem Abbruch zu retten, erwarben die beiden Bauern auf der Hohen Asten den gesamten Komplex und ließen ihn durch einen Seelsorger besetzen. Anfang der siebziger Jahre des 20. Jahrhunderts wurde die Kirche in eine eigens gegründete Stiftung eingebracht und komplett renoviert. Das frühere Propsteigebäude aus dem Jahre 1696 wurde in ein Gasthaus umgewandelt.

Die Peterskirche auf dem Petersbergl mit angeschlossenem Wirtshaus.

Vom Parkplatz am Südrand von Flintsbach wandern wir zuerst auf breitem, jedoch bald steilem Weg durch Wald bergan. Vorbei an der Burgruine Falkenstein, dem Sitz der im Mittelalter mächtigen Grafen von Falkenstein, steigen wir auf der Nordseite des Petersbergls hinauf, bis links der steile, aber weiterhin breite Weg zum Petersbergl abzweigt und in einigen Serpentinen in 10 Minuten hinauf zum Gipfel mit Kirche und Gasthaus auf 847 Meter Höhe führt. Dort lässt sich's gut rasten und schauen. Wenn es bereits kühl ist, erwartet uns drinnen ein warmer Kachelofen.

Um zu den Astenhöfen zu gelangen, müssen wir zuerst wieder zum Hauptweg absteigen, dort gehen wir links und folgen dann dem ansteigenden Fahrweg zu den oberhalb eines großen Wiesenhangs gelegenen Bauernhöfen.

Für den Abstieg nehmen wir wieder den Anstiegsweg, wobei wir die Möglichkeit einer abwechslungsreichen Variante haben: Etwas unterhalb der Wegabzweigung zum Petersbergl folgen wir dem ausgeschilderten Weg Richtung Brannenburg, zweigen dann nach wenigen Minuten rechts zum alten Bauernhof »Wagner am Berg« ab und folgen einem schönen Steig hinab ins Tal. Dort wieder rechts und am Bergfuß entlang zurück zum Ausgangspunkt.

Einkehr

Die Gasthäuser
■ **Petersberg** (Mittwoch Ruhetag, Montag und Donnerstag nur bis 18 Uhr geöffnet) und
■ **Hohe Asten** (Freitag Ruhetag, Sonntag und Feiertag ab 18 Uhr geschlossen) sind ganzjährig bewirtschaftet (Tafel am Beginn des Wanderwegs).

9 Brünnstein vom Tatzelwurm

Anfahrt

■ Salzburger Autobahn bis zum Inntaldreieck, dann weiter Richtung Innsbruck bis zur Ausfahrt Oberaudorf; dort auf die Sudelfeldstraße (Maut) Richtung Bayrischzell zum Gasthaus Tatzelwurm bzw. etwas oberhalb, wo kurz nach der Straßenverzweigung (Richtung Bayrischzell) links ein Fahrweg abzweigt. Dort befindet sich unser Ausgangspunkt, der »Waldparkplatz«.

Höchster Punkt Brünnstein, 1619 m

■ **Zeit** Anstieg zum Brünnsteinhaus 2.30 Std., evtl. Abstecher auf den Brünnstein 1.15 Std., Rückkehr zum Ausgangspunkt 1.30 Std.; insgesamt: 4 bis 5.15 Std.
Schwierigkeit Zu Beginn Almfahrweg, dann überwiegend Bergsteig ohne Probleme. Der Brünnsteingipfel ist jedoch nur für trittsichere und schwindelfreie Bergwanderer.
Karte Topogr. Karte 1:50 000 Mangfallgebirge (LVG).

Der Brünnstein ist ein beliebter Berg. Allein der Blick auf die Karte beweist es: denn von allen Seiten führen Wanderwege hinauf. Das muss nicht verwundern, bietet er doch eine hervorragende Aussicht, die sich hinter der des Wendelsteins gar nicht verstecken muss. Und wer nicht ganz auf den Gipfel muss – der Anstieg ist nun doch etwas steil –, kann mit der Einkehr im gemütlichen Brünnsteinhaus vorliebnehmen. Ein besonderes »Zuckerl« finden wir jedoch an unserem Ausgangspunkt: das historische Gasthaus »Zum feurigen Tatzelwurm« – der Treffpunkt der naturverbundenen Maler und Schriftsteller des 19. Jahrhunderts – und die Tatzelwurm-Wasserfälle.

Vom Gasthaus Tatzelwurm entweder zu Fuß am Wasserfall vorbei oder mit dem Auto zum Wanderparkplatz und von dort auf einem Almfahrweg durch Wald und Almwiesen hinauf zur Schoißeralm und weiter zu einer Diensthütte. Wir kreuzen einen querführenden Verbindungsweg und wandern geradeaus weiter bis zu einer starken

Und nach der Tour

Hallen- bzw. Freibäder in Oberaudorf, Bayrischzell und Fischbachau. Reizvoll auch der kleine Luegsteinsee bei Oberaudorf.

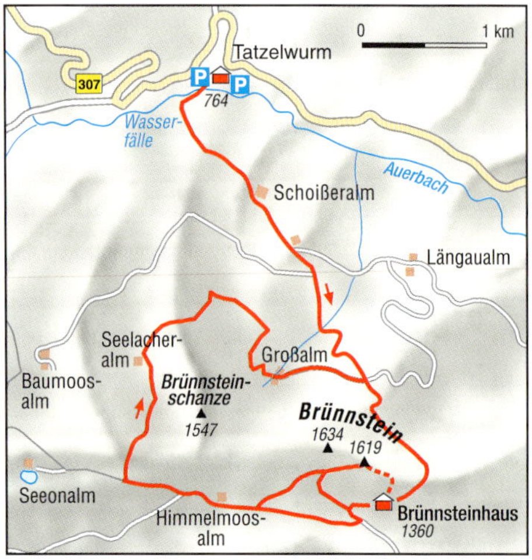

Rechtskurve; dort zweigt ein Wanderweg ab, der uns zuerst durch die Nordseite, wobei wir den Verbindungsweg zwischen den Großalmen überqueren, dann durch die Ostseite des Brünnsteins hinaufführt zum Brünnsteinhaus.

Dort beginnt gleich beim Haus der gesicherte Klettersteig, der als Dr.-Julius-Mayr-Weg überaus anregend zum Gipfel führt. Mal sind Schwierigkeiten mittels Leitern, Trittbügeln und Drahtseilen zu überwinden, mal zwängt man sich durch einen eindrucksvollen Felsspalt. Schließlich ist die kleine Kapelle erreicht, die den Gipfelgrat ziert, und es sind nur noch ein paar ausgesetzte Minuten über die Gratschneide zum Kreuz. Hier sollte man sich unverzüglich hinsetzen. Sonst besteht Gefahr, dass einen der Blick zum Wilden Kaiser wirklich umwirft. Wer nicht so ganz schwindelfrei ist, kann den leichteren Steig links um den Gipfel herum angehen.

Für den Abstieg wählen wir eine Variante und steigen über die Himmelmoosalmen ab, gehen dann ein Stück Richtung Rosengasse und nehmen dann rechts den Weg (bei einem Gatter) zur Seelacheralm. Von dort auf einem Fahrweg weiter gerade hinab, dann etwas rechts haltend, bis wir wieder auf unseren Anstiegsweg treffen. Auf ihm zurück zum Ausgangspunkt.

Die Baumoosalm auf der Nordwestseite des Brünnsteins.

Bild Seite 28: Den Gipfel des Brünnstein schmückt eine kleine Kapelle.

Einkehr

■ Das Gasthaus **Tatzelwurm** ist ganzjährig, das ■ **Brünnsteinhaus**, 1342 m, bis auf einige Wochen im frühen Frühjahr ebenfalls ganzjährig bewirtschaftet.

10 Wirtsalm und Schuhbräualm

Anfahrt

Auf der Salzburger Autobahn bis zur Ausfahrt Bad Aibling, dann rechts auf der Landstraße nach Bad Feilnbach. In Ortsmitte zweigt die Wendelsteinstraße Richtung Süden ins Jenbachtal ab; zuerst noch auf Asphaltstraße, dann auf unbefestigter Straße bis zum letzten Parkplatz 6 km von der Ortsmitte.

Höchster Punkt Rampoldplatte, 1422 m

Zeit Vom Parkplatz bis zur Wirtsalm 20 Minuten, Anstieg zur Schuhbräualm 1.30 Std., Rückkehr 45 Min.; insgesamt: 2.30 Std.

Schwierigkeit Überwiegend Almfahrwege sowie Wanderpfade.

Karte Topogr. Karte 1:50 000 Mangfallgebirge (LVG).

Die kleinen, bewaldeten Vorberge zwischen Wendelstein und Bad Feilnbach sind dem Bergwanderer in der Regel kein Begriff. Für den beschaulichen Wanderer ohne Gipfelambitionen, für Genießer bieten sie jedoch genug Abwechslung und Vergnügen. Denn: wie wenig andere Gebiete sind sie noch heute intensiv genutztes Almgebiet, und zu einer richtigen Alm gehört heutzutage auch der Ausschank und die deftige Brotzeit. Zwei von ihnen haben wir zu einer abwechslungsreichen Rundtour zusammengefasst, die nicht nur den Gaumen, sondern auch die Schaulust befriedigen wird, bieten sich doch vom Weg reizvolle Blicke auf den das ganze Gebiet dominierenden Wendelstein.

Vom Parkplatz am Ende der Jenbachtalstraße gehen wir zuerst auf dem breiten Wirtschaftsweg gemütlich durch Wald weiter talein, bis wir nach 20 Minuten auf die Abzweigung des Fußweges zur Wirtsalm stoßen; auch wenn wir vielleicht noch nicht einkehren wollen, sollten wir ihr doch einen kurzen Besuch abstatten. Von dort geht es dann

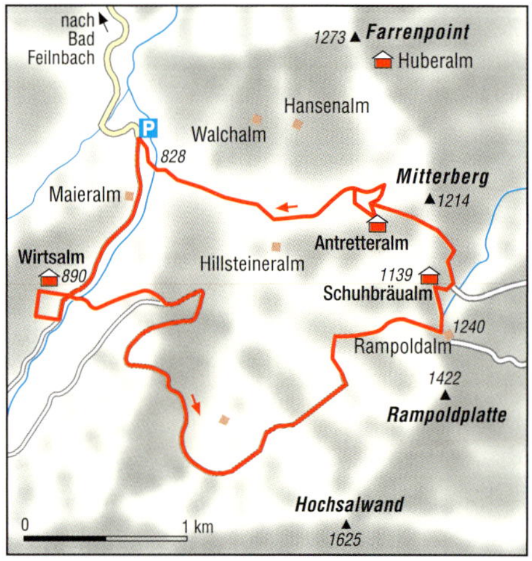

über den Fahrweg zurück bis kurz nach der Abzweigung dieses Abkürzers. Nun rechts über eine Brücke und auf der Forststraße über die bewaldete Kuppe des Reinock Richtung Schloßalm und im Linksbogen bis unter den höchsten Punkt der Rampoldplatte.

Wir verlassen nun den breiten Weg und steigen über einen schmalen, etwas verwachsenen Bergweg zuerst durch Wald, dann über Almwiesen hinauf auf die Nordwestseite der Rampoldplatte. Von dort oben – unter all dem versammelten Almvieh – bietet sich ein hervorragender Blick nicht nur auf Wendelstein und Breitenstein, sondern über die bewaldeten Vorberge hinaus auf die Ebene.

Ein Stück nun hinab zur Rampoldalm und von dort über Almwiesen weiter hinunter zur bereits sichtbaren Schuhbräualm, wo wir uns die Einkehr sicher nicht entgehen lassen. An der Schuhbräualm dann links vorbei und auf breitem Almweg seitlich am Mitterberg vorbei (dem wir natürlich auch einen kurzen Besuch abstatten können, denn er ist in wenigen Minuten über seine freien Hänge zu ersteigen).

Auf seiner Westseite verzweigt sich der Weg, und wir haben die Möglichkeit nun links hinab zur Antretteralm bzw. rechts noch ein Stück um den Mitterberg zu wandern und dann links hinab zur Hillsteineralm abzusteigen, wo wir wieder auf die Variante über die Antretteralm treffen. Von dort führt uns dann ein breiter Almfahrweg hinaus zum Parkplatz.

Am Almweg zur Schuhbräualm bietet sich ein überraschender Ausblick auf den Breitenstein.

Bild Seite 30 oben: Wegweiser oberhalb der Antretteralm. Bild Seite 30 unten: Natur hautnah: Die weidenden Kühe sind ein beliebter Blickpunkt von der Terrasse der Wirtsalm.

Einkehr

- **Wirtsalm** und **Schuhbräualm** (Montag Ruhetag) sind jeweils von Anfang Mai bis Ende Oktober bewirtschaftet.
- **Antretteralm** (Milch erhältlich).

11 Gipfelrunde am Wendelstein

Anfahrt

■ Auf der Salzburger Autobahn bis zur Ausfahrt Weyarn, dann auf der Landstraße über Miesbach, Schliersee in Richtung Bayrischzell bis Osterhofen, zur Talstation der Wendelsteinbahn. Dort großer Parkplatz.

Höchster Punkt Wendelstein, 1838 m

■ **Zeit** Für den 2 km langen Panorama-Rundweg auf dem Wendelstein benötigen wir etwa 1 Std., für den Abstieg nach Osterhofen 2 Std.; insgesamt: 3 Std.
■ **Schwierigkeit** Der Gipfelrundweg ist gut angelegt und mit Geländer gesichert, der Anstieg von der Bergstation erfolgt dabei auf zahlreichen, in den Fels geschlagenen Treppen. Der Abstieg nach Osterhofen erfolgt zuerst auf Bergsteig, dann auf Fahrstraße.
■ **Karte** Topographische Karte 1:50 000 Mangfallgebirge (LVG).

Der Wendelstein ist ein markanter Gipfel, von weitem sichtbar und denkbar gut »erschlossen«. Von Brannenburg führt eine bereits über hundert Jahre alte Zahnradbahn, von Osterhofen eine Kabinenbahn bis knapp unter seinen Gipfel. Wer Lust auf eine aufregende Rundtour hat, kann beide Bahnen benützen und mit dem Verbindungsbus die jeweils gegenüberliegende Talstation wieder bequem erreichen. Aber selbst wenn wir nur eine schnelle Auffahrt planen, bleibt auf dem Gipfel noch genügend zu tun: Es gilt den über zwei Kilometer langen, immer gut gesicherten Gipfelrundweg samt Alpenlehrpfad zu erkunden, das Wendelsteinkircherl, in dem sich schon so manches Brautpaar ewige Treue geschworen hat, zu besuchen und in die großartige Wendelsteinhöhle einzudringen, um einiges über das Innere des Berges zu erfahren. Also, packen wir's an.
Nachdem wir all diese Eindrücke und dazu vor allem die hervorragende Aussicht, die der exponiert stehende Wendelstein bietet, genos-

Und nach der Tour

Bereits auf der Tour haben wir die Möglichkeit, die geologisch interessante Wendelsteinhöhle zu besuchen (Eingang etwas unterhalb der Bergstation auf der Ostseite). In Bayrischzell und in Fischbachau finden sich dann noch Freibäder. Südlich von Fischbachau liegt der reizvolle Wolfsee mit Bade- und Campingmöglichkeit.

Bild Seite 33: Rückblick vom Gipfelweg am Wendelstein auf die Bergstationen der beiden Bergbahnen.

Bild rechts: Die Umsetzanlage des Bayerischen Fernsehens und die Wetterstation auf dem Gipfel.

sen haben, nehmen wir von der Höhe Abschied und gondeln wieder hinunter. Falls wir jedoch noch die Wanderschuhe testen wollen, wandern wir auf gut markiertem Wanderweg talwärts. Mit »B1« und roten Farbflecken versehen führt der Weg, der Bestandteil eines geologischen Lehrpfades ist, in etwa zweistündiger Gehzeit über die bewirtschaftete Wendelsteinalm (hier lohnt sich, noch einmal genüsslich Rast abzuhalten) hinab nach Osterhofen, wo der voralpine Ausflug seinen Anfang nahm. Hand aufs Herz: Es könnte nichts besseres geben als so eine Wanderung, um den Tag zu beschließen.

Einkehr

- Das **Wendelsteinhaus** bei der Bergstation der Seilbahn ist ganzjärhig bewirtschaftet.
- **Wendelsteinalm** am Abstiegsweg.

An der Talstation befindet sich das
- **Alpenhotel**.

12 Auf die Rotwand

Anfahrt

■ Über Miesbach, Schliersee und Fischhausen-Neuhaus bis zur Spitzingseestraße, über den Spitzingsattel und jenseits hinab zur Talstation der Taubensteinbahn. Dort mehrere gebührenpflichtige Parkplätze.

Höchster Punkt Rotwand, 1884 m

■ **Zeit** Übergang von der Bergstation zum Rotwandhaus 1.15 Std., Abstecher auf die Rotwand 30 Min. Abstieg zum Spitzingsee 2.15 Std.; insgesamt: 4 Std.

■ **Schwierigkeit** Bergsteig und breite Wanderwege/Almfahrwege. Trittsicherheit erforderlich.

■ **Karte** Topographische Karte 1:50 000 Mangfallgebirge (LVG).

Für die Münchner gehört das Spitzingseegebiet zu den beliebtesten Bergwanderrevieren. Zu dieser Beliebtheit beigetragen haben sicherlich die zahlreichen bewirtschafteten Almen und Hütten in seinem Einzugsbereich. Eine Sonderstellung genießt dabei die Rotwand mit ihrem ganzjährig bewirtschafteten Unterkunftshaus. Und wer will sie schon verschmähen, die Taubensteinbahn, die uns dem immerhin 1884 Meter hohen Gipfel sehr schnell sehr nahe bringt.

Da unsere Wanderung erst auf einer Höhe von 1611 Metern beginnt, haben wir viel Zeit, um die Panoramastrecke zum Rotwandhaus zu bewältigen. Um aber so schnell wie möglich eine möglichst freie Sicht zu haben, steigen wir zuerst vom Taubensteinsattel auf einem felsigen Steig seitlich (links) am Taubenstein vorbei in einen kleinen Sattel. Falls wir trittsicher sind, statten wir hier dem Taubenstein (der seit Errichtung der Seilbahn zum selbständigen Gipfelziel anvanciert ist) einen kurzen Besuch ab. Der Weiterweg stellt dann wiederum keinerlei Problem dar. In nur mäßiger Steigung wandern wir zuerst in überwiegend freiem Gelände südwärts und queren unterhalb der Kammlinie den Lämpersberg. Ein Stück hinab, dann wieder hinauf zum

Und nach der Tour

Am Schliersee befinden sich zwei Badeanstalten und die Liegewiese am Südufer des Sees.

Ein etwas ungewöhnlicher Blick auf den Rotwandgipfel vom Lämpersberg.

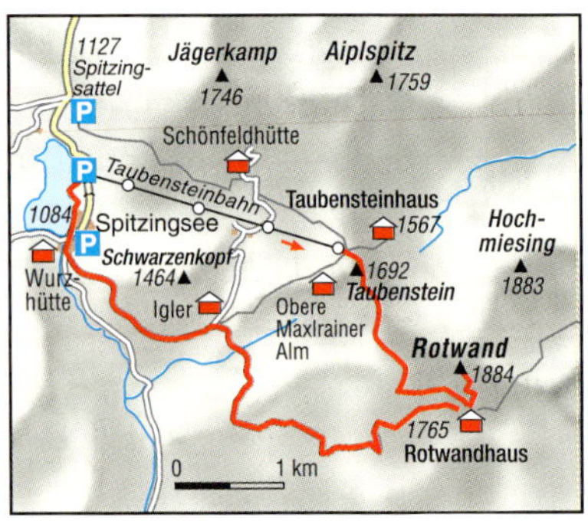

Kirchsteinsattel, von dem aus wir bereits das Rotwandhaus im Blick haben. In weitem Rechtsbogen nun hinab zu dieser schön gelegenen Alpenvereinshütte, die übrigens mit einer Solaranlage ausgestattet ist und zu den Vorreitern bei dieser umweltfreundlichen Energiegewinnung zählt.

Der Anstieg zum Gipfel der Rotwand ist ebenfalls leicht: Wir gehen von der Höhe ein Stück den Anstiegsweg zurück und folgen dann den rechts abzweigenden, weiten Serpentinen hinauf zum Gipfel. Falls wir für die Rückkehr die Seilbahn nicht benutzen wollen, bietet sich ein schöner Abstiegsweg über die Wildfeldalm an, der uns ohne jede Schwierigkeit hinab zum Spitzingsee bringt. Von dort ist es nur ein kurzes Stück den Seeuferweg entlang zurück zum Parkplatz an der Taubensteinbahn. Wer einmal mehr Zeit übrig hat, wird Lust verspüren, dieses beliebte Wanderrevier intensiver zu erkunden. Und hier und da wird er auch noch seine ruhigen Plätzchen finden. Empfehlenswert ist es in jedem Fall, einmal die zwar etwas langen, aber ruhigen Anstiege von der Ostseite, von Geitau bzw. aus dem Ursprungtal, zu versuchen. Oder man kann im Winter wiederkommen und sich an der berühmten Rotwandreibn versuchen.

Jetzt sind des nur mehr ein paar Meter bis zum Rotwandhaus.

Einkehr

- **Restaurant in der Bergstation der Gondelbahn**.
- **Rotwandhaus**, Alpenvereinshaus, ganzjährig bewirtschaftet, Übernachtung möglich.

13 Von Tegernsee auf die Neureut

Anfahrt

■ Auf der Salzburger Autobahn bis zur Ausfahrt Holzkirchen, dann auf der Landstraße über Gmund nach Tegernsee. Parkmöglichkeit am Bahnhof. Die Anfahrt kann also auch bequem mit der Bayerischen Oberlandbahn erfolgen.

Höchster Punkt Neureut, 1263 m

■ **Zeit** Anstieg 2 Std., Abstieg 1.15 Std.; insgesamt: 3.15 Std.
■ **Schwierigkeit** Zu Beginn Ortsstraße, dann steiler Treppensteig, im oberen Teil guter Wanderweg. Der Abstieg erfolgt dann v. a. auf Forstweg.
■ **Karte** Topographische Karte 1:50 000 Mangfallgebirge (LVG).

Der Tegernsee ist zwar der am stärksten »verbaute« See in den bayerischen Alpen, und die Ringstraße um den See hat schon manchen Autofahrer zur Verzweiflung gebracht, doch mit ein bisschen Energie haben wir gute Möglichkeiten, dem Trubel zu entfliehen. Eine davon ist die Wanderung auf die Neureut, einem reizvollen Fleck oberhalb des Ortes Tegernsee, auf der man zwar über Einsamkeit auch nicht wird klagen können, doch von dort oben erhält der Tegernsee zumindest wieder den Anschein von Idylle. Von der Terrasse der Gastwirtschaft verklären sich die Berge rundum zu überirdischen Gefilden.
Falls wir die Wanderung schon von München aus gemütlich angehen wollen, erreichen wir Tegernsee mit der Bahn und starten unsere Tour also am Bahnhof im Zentrum von Tegernsee. Ansonsten ist wohl das Herzogliche Bräustüberl beliebter Ausgangs- wie Endpunkt der Wanderung auf die Neureut. Durch Bahnhofstraße und Neureutstraße gelangen wir zuerst zur Volkshochschule; dort beginnt der steile Trep-

Das Neureuthaus am Ostiner Berg ist eine Tegernseer Institution und deshalb Wanderziel das ganze Jahr über.

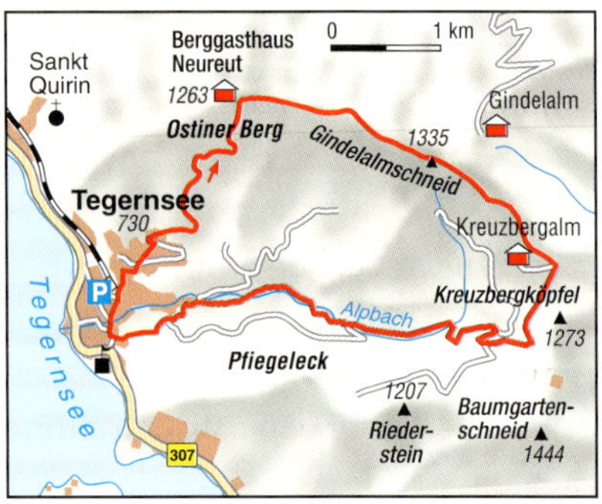

Die kleine Kapelle unterhalb des Neureuthauses.

penweg hinauf zur Privatklinik Westerhof. Auf einer Fahrstraße geht's bis zum Waldrand, dann weiter auf dem Westerhofweg steil bergan. Bald münden der alte Sommerweg und der Bayernweg auf unsere Route (die genannten Wege können natürlich ebenfalls als Anstiegswege benutzt werden, da alle hinauf zur Neureut führen; man achte im Ort auf die jeweilige Ausschilderung). Ein Stück unterhalb der Neureut treten wir aus dem Wald auf eine Bergwiese und steigen auf dem Wiesenweg quer hinauf zur bereits sichtbaren Gastwirtschaft, wo uns eine kleine Kapelle und eine große Terrasse erwarten.

Den Abstieg bewältigen wir auf dem Anstiegsweg, wobei uns jedoch zahlreiche Varianten offenstehen. Wenn eine davon besonders empfohlen sein soll, dann vielleicht diese: Statt sogleich abzusteigen, wandert man auf breitem Weg ostwärts Richtung Gindelalm, steigt auf markiertem Pfad sogar noch bergan und erreicht den 1331 Meter hohen Gipfel der Gindelalmschneid. Von dort aus geht es jenseits hinab zur Kreuzbergalm und von da auf einer Forststraße hinunter ins Alpbachtal. Nun schlendert man am Alpbach entlang talaus, genießt an heißen Tagen den Waldschatten und beschließt die Wanderung mit einer gemütlichen Bummelei, die mitten in Tegernsee ihr Ende findet.

Einkehr

- Das Neureuthaus ist ganzjährig bewirtschaftet (Montag Ruhetag).

Und nach der Tour

Bei einem Rundgang durch Tegernsee lassen sich so manche kleine Schätze entdecken: wie die ehemalige Klosterkirche, das Ludwig-Ganghofer-Haus und das Olaf-Gulbransson-Museum.

14 Die Wallbergrunde

Anfahrt

■ Auf der Salzburger Autobahn bis zur Ausfahrt Holzkirchen, dann auf der Landstraße über Gmund, Bad Wiessee (bzw. Tegernsee) nach Rottach-Egern. Dort der Ausschilderung zur Wallbergbahn folgen. Großer Parkplatz.

Höchster Punkt Wallberg, 1722 m

■ **Zeit** Für den Abstecher zum Wallberg benötigen wir 1 Std., für die Abstiegsrunde 2.30 Std.; insgesamt: 3.30 Std.
Schwierigkeit Breite Wanderwege, lediglich die letzten Meter am Wallberggipfel setzen Trittsicherheit und Schwindelfreiheit voraus.
Karte Topographische Karte 1:50 000 Mangfallgebirge (LVG).

Am Südrand des Tegernsees gelegen, vermittelt der Wallberg nicht nur einen phantastischen Blick auf den See, sondern auch – dank seiner exponierten Lage – auf die umliegenden Berge. Da bis in Gipfelnähe eine Seilbahn die Ausflügler bedient, herrscht kein Mangel an Besuchern.
Wer prinzipiell etwas gegen Bergbahnen hat, kann den Wallberg natürlich auch auf Schusters Rappen ersteigen. Von der Talstation der Bahn führt ein breiter, schattiger Weg hinauf (2.30 Std.). Von der

Blick auf den Wallberg von Süden: mit Wallberghaus, Wallbergkapelle und Gipfelplateau.

Einkehr

- **Panoramarestaurant bei der Wallbergbahn-Bergstation.**
- Das **Wallberghaus** im Sattel zwischen Wallberg und Setzberg ist von Ende Mai bis Ende Oktober bewirtschaftet.

Und nach der Tour

Auf dem alten Friedhof von Rottach-Egern können wir den Gräber der Heimatschriftsteller Ludwig Ganghofer und Ludwig Thoma einen Besuch abstatten.

Am Weg zum Gipfel, von der Bergstation der Wallbergbahn.

Bergstation ist es dann nur noch eine halbe Stunde zum Gipfel. Zurück geht's auf gleichem Weg bis zur Bergstation, dann weiter hinab auf dem breiten Wanderweg zum Wallberghaus. Kurz vor dem Haus zweigt links der bequeme Wanderweg ab, der uns über die Almböden der Portnersalm und die Rottachalm hinab ins Rottachtal zur Mautstraße führt, die von Rottach-Egern in die Valepp führt. Auf einem Wanderweg, der einige Male die Straßenseite wechselt, gehen wir hinaus nach Enterrottach. Jenseits davon zweigt links ein Panoramaweg ab, der uns durch Wiesen und Wald zurück zum Ausgangspunkt an der Talstation der Wallbergbahn bringt.

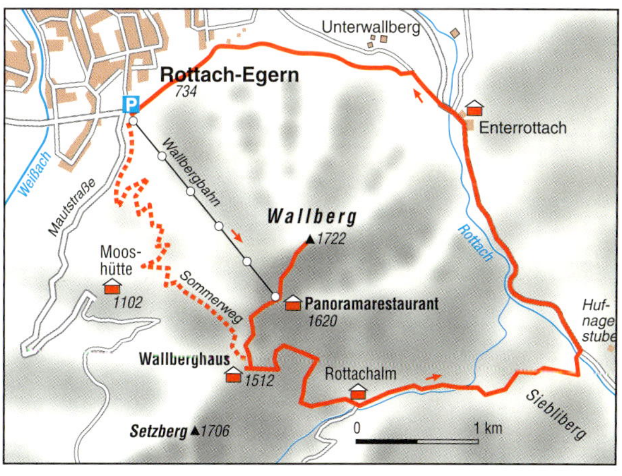

15 Siebenhütten und Wolfsschlucht

Anfahrt

■ Über Tegernsee nach Kreuth und 2 km weiter Richtung Achenpass bis zum Wanderparkplatz »In der Langen Au«.

Höchster Punkt Eingang zur Wolfsschlucht, 964 m

■ **Zeit** Für Hin- und Rückweg etwa 2 Std.
■ **Schwierigkeit** Bequeme Almfahrwege. Bergwanderung zur Wolfsschlucht.
■ **Karte** Topographische Karte 1:50 000 Mangfallgebirge (LVG).

Von Wildbad Kreuth zur Siebenhüttenalm zu wandern, weiter sodann in die Wolfsschlucht und auf anderem Weg zurück zum Ausgangspunkt, das ist ein sehr gemäßigtes Unterfangen, kaum noch eine Wanderung, schon eher ein Spaziergang am Nordsockel des Blaubergkammes und im Reich des bayerischen Engels Aloisius. Ein Ausflug für jung und alt also, eine unschwierige Sache, dabei gewiß nicht ohne Reiz.

Dort, wo sich in schöner Regelmäßigkeit die führenden Mitglieder der Christlich Sozialen Union in Klausur begeben, dort, wo sie sitzen und tagen (und insgeheim und vergeblich auf die göttlichen Eingebungen warten, die ein Dienstmann namens Alois Hingerl, besser bekannt als Engel Aloisius, zu überbringen hätte), dort in Wildbad Kreuth (vielleicht aber auch schon von Kreuth) nimmt unser Alpenspaziergang seinen Anfang. Ein ebener Weg führt durch lichten Wald südwärts zur Siebenhüttenalm, und wie langsam man auch immer gehen mag, nach einer halben Stunde ist dieser reizvoll gelegene Fleck erreicht. Man sollte sich, obwohl nun wirklich kaum verdient, hier Rast und Stärkung gönnen, eine bayerische Brotzeit unter weißblauem Himmel, den Tag genießen, die Landschaft, die Berge – und das Wissen, dass man heute nirgendwo hinaufsteigen muss, dass es eine Wanderung ohne Müh' und Plag' sein wird. Man lehnt sich ans sonnenwarme Holz der Almhäuser, schließt für ein paar Minuten die Augen, hört dem

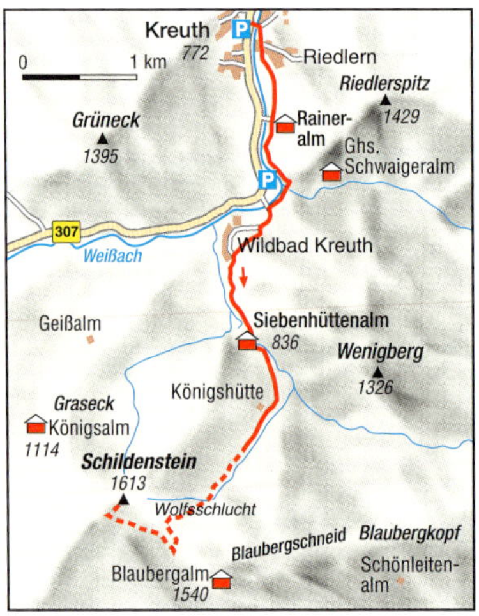

Und nach der Tour

Rund um den Tegernsee gibt es acht Badeplätze, darunter auch das offizielle Strandbad mit Café an der Luitpoldanlage. Und natürlich gibt es am Tegernsee auch die Möglichkeiten zu Segeln oder ein Ruderboot zu mieten.

Die Siebenhüttenalm gilt als Inbegriff einer gemütlichen Alm im Bayerischen Oberland.

Bachrauschen zu und braucht nicht lange, um Ludwig Thomas Meinung zu teilen: »Je enger sich der Kreis von Ausgang und Ende schließt, desto stärker empfinde ich es, wie darin das beste Glück enthalten ist. Um mich ist Heimat. Und ihre Erde kann einmal den, der sie herzlich liebte, nicht drücken.« Dann schlendert man noch ein Stück weiter, hinein in ein dicht bewaldetes Tal, das sich vor einem auftut und weit drinnen zur felsigen Schlucht wird, zur bei Wanderern so berühmten Wolfsschlucht, durch die ein gar nicht so ungefährlicher Anstieg zum Schildenstein hinaufführt.
Aber keine Sorge, es ist ein Bummeltag. Der schluchtartige Charakter des Tales soll uns nur Eindruck sein, Erlebnis an der Felsweißach, die irgendwo hinten in diesem Tal entspringt. Der Rückweg führt linker Hand vorbei an der Siebenhüttenalm. Ein breiter Forstweg durchzieht üppigen Mischwald. Nach einer Dreiviertelstunde ist man wieder in Wildbad Kreuth. Was also zählt bei dieser kleinen Tour, das sind nicht die Gehzeiten, sondern die Stunden und wie man sie im Vorgebirge erlebnisreich zu gestalten vermag.

Einkehr

- **Gaststätte Altes Bad** in Wildbad Kreuth mit kleinem Biergarten.
- **Siebenhüttenalm**, 836 m (von Mai bis Oktober bewirtschaftet, Dienstag Ruhetag).

16 Aueralm und Fockenstein

Anfahrt

■ Über Holzkirchen und Gmund nach Bad Wiessee. Am südwestlichen Ortsrand zweigt rechts die Straße zum Gasthaus Sonnenbichl ab, auf ihr 400 m, dann links weg, wo sich nach etwa 100 m, am Eingang ins Söllbachtal, ein Wanderparkplatz befindet.

Höchster Punkt Fockenstein, 1564 m

■ **Zeit** Anstieg zur Aueralm 2 Std., Gipfelrunde 1 Std., Abstieg über den Hirschtalsattel 2 Std.; insgesamt: 5 Std.
■ **Schwierigkeit** Bis auf die Gipfelrunde am Fockenstein (z.T. felsiges, aber unschwieriges Gelände) und den Abstieg zum Hirschtalsattel bewegen wir uns auf Alm- bzw. Forstwegen.
■ **Karte** Topographische Karte 1:50 000 Bad Tölz – Lenggries und Umgebung (LVG).

Und nach der Tour

Freibäder in Bad Wiessee, Rottach-Egern, Tegernsee-Ort und Gmund.

Die bewaldeten Hügel westlich des Tegernsees sind – im Gegensatz zu den höheren Bergen an seinem Südende – nicht unbedingt ein Wanderdorado. Oberhalb von Bad Wiessee jedoch liegt ein »Muss« für jeden Bergwanderer: die Aueralm und der Fockenstein. Auf einem freien Wiesenbuckel steht die gemütliche kleine Hütte, und von ihrer Terrasse bietet sich uns ein Panorama aller Tegernseer Berge. Und für diejenigen, für die eine Wanderung einen Gipfelabschluss braucht, ist der Fockenstein genau das Richtige.
Vom Parkplatz am Eingang des Söllbachtals wandern wir zuerst eben auf asphaltiertem, dann unbefestigtem breiten Fahrweg talein. Lassen dabei links die Söllbachklause liegen, denn für eine Einkehr ist es noch zu früh. Nach zehn Minuten zweigt dann ein Almweg rechts ab. Auf diesem in steilen Kehren durch Wald hinauf, bis sich der Weg wieder etwas zurücklegt und wir die erste Aussicht genießen können. Gegenüber baut sich der Hirschberg auf und rechts dahinter erkennen wir den markanten Doppelgipfel des Roß- und Buchsteins. Der

Blick über die Aueralm auf die östlichen Tegernseer Berge.

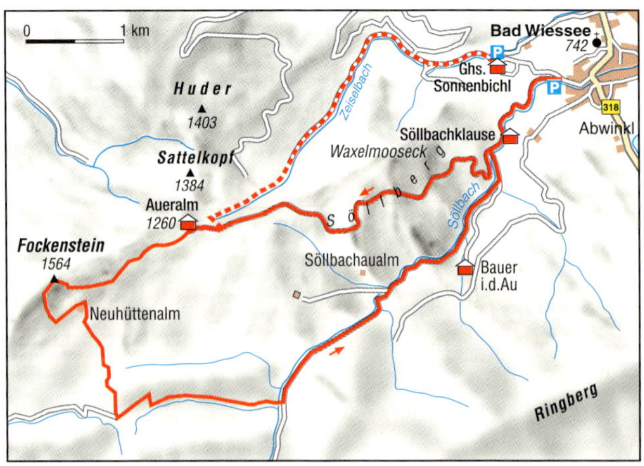

anstrengende Teil der Wanderung zur Aueralm ist nun vorbei, und wir steigen gemütlich weiter an, bis zur Kammhöhe des Söllbergs. Dort links weiter zum Waldende, wo wir oberhalb der ersten Almwiesen die reizvoll gelegene Aueralm zu Gesicht bekommen. Im Linksbogen hinauf zu dieser, wo uns die erste verdiente Einkehr lockt.
Mancher wird auf der Terrasse die Tour abschließen wollen, denn das Aufbrechen von diesem ansprechenden Ort ist schwer, und die Rückkehr auf dem gleichen Weg antreten. Wir wandern jedoch weiter und folgen dem breiten Almfahrweg Richtung Neuhüttenalm. Nach etwa zehn Minuten biegen wir rechts ab und steigen auf Pfad durch Hochwald steil an. Nach einem nur mehr sanft ansteigenden Stück steht uns noch der Gipfelsturm über steile Bergflanken bevor.
Wir steigen dann über die schrofige Südwestflanke und den grasigen Vorgipfel ab und wandern links hinab zum Neuhütteneck und zur Neuhüttenalm. Der Abstieg zum Hirschtalsattel, 1224 m, führt dann auf Feldweg über Bergwiesen und durch Wald. Vom Sattel nun Richtung Osten durch Wald hinab in den Stinkergraben, der seinen Namen von den hier befindlichen Schwefelquellen hat. Bei der Holzstube treffen wir auf den breiten Fahrweg, der uns immer am Söllbach entlang hinausleitet bis nach Bad Wiessee, wobei wir uns eine Einkehr in die Söllbachklause vermutlich nicht mehr verkneifen.

Der Fockenstein ist nur einen Steinwurf weit von der Aueralm entfernt.

Einkehr

- Die **Aueralm** ist ganzjährig bewirtschaftet (Montag Ruhetag), im Winter nur an Wochenenden.
- **Söllbachklause** (ganzjährig bewirtschaftet).

17 Zu den Schwarzentennalmen

Anfahrt

■ Mit dem Auto auf der Autobahn München–Salzburg bis Ausfahrt Holzkirchen, weiter über Gmund nach Bad Wiessee, dort Richtung Gasthaus Sonnenbichl, nach 400 m links zum Wanderparkplatz am Eingang ins Söllbachtal. Mit der Oberlandbahn (BOB) auf der Linie München– Tegernsee. Ab Tegernsee mittels Bus oder Fährschiff nach Bad Wiessee.

Höchster Punkt Schwarzentennalmen, 1027 m

■ **Zeit** Für Hin- und Rückweg jeweils 2 Std.; insgesamt: etwa 4 Std.
■ **Schwierigkeit** Gemütliche Vorgebirgswanderung.
■ **Karte** Topographische Karte 1:50 000 Mangfallgebirge (LVG).

Dass der Tegernsee von jeher Wahlheimat von Künstlern ist, denken wir nur an Thoma oder Gulbransson, und dass er sich heutzutage als Kurort und Ausflugsziel größter Beliebtheit erfreut, das liegt nicht nur an der reizvollen Landschaft und dem voralpinen Klima, das liegt schon auch daran, dass es sich hier nach Herzenslust spazieren und wandern lässt. Die Berge rund um den Tegernsee sind allesamt kleine Berühmtheiten: Wallberg, Hirschberg, Leonhardstein. Heute aber soll einmal kein Gipfel das Ziel sein, sondern vielmehr ein gemütlicher Weg zu Almen im Herzen der Tegernseer Berge.
Am südlichen Ortsende von Bad Wiessee, in Abwinkl, schnürt man die Wanderschuhe. Entlang des Söllbachs führt ein waldschattiger Forstweg talein. Den nimmt man für den Hinweg; unverfehlbar zieht er auf etwa neun Kilometern Länge zu den Schwarzentennalmen. Rechter Hand tun sich die Kampen auf, zur Linken wandert man gemächlich unter dem Hirschberg vorbei. Es sind gerade zwei Stun-

Und nach der Tour

Bad Wiessee führt seit 1922 das Prädikat »Bad«. Und natürlich gibt es dort die entsprechenden Einrichtungen: ein Kurhaus und eine Wandelhalle, eine ausgedehnte Uferpromenade und zahlreiche Ruhezonen. Oder wollen wir doch mal dem Spielcasino unsere Aufwartung machen?

Die abgelegenen Schwarzentennalmen lassen sich auf bequemen Wegen von zwei Seiten erreichen: von der Achenseestraße und von Bad Wiessee.

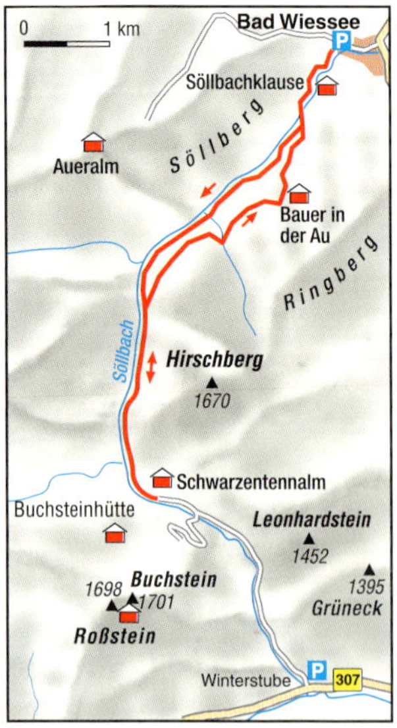

den vom Ort bis zu den Almen, die auch mit einem Berggasthof aufwarten können. Aber diese zwei Stunden Weg erzählen viel vom Reiz der Tegernseer Berge. Alle typischen Merkmale dieses Gebirges am Nordrand der Alpen sind hier zu erleben: Die Bequemlichkeit der talnahen Wege und der Waldreichtum, von dem sie gesäumt sind. Die Bäche und Wildwasser, die hier zum Erscheinungsbild gehören und die der Landschaft einen durchaus wildromantischen Charakter geben. Die Ausblicke auf grasige Berge, wo Kühe weiden und bei deren Besteigung die größte alpinistische Gefahr darin läge, in einen frischen Kuhfladen zu treten. Aber auch auf Berge, die zwar nicht allzu hoch sind, so doch mit felsigen Flanken zum Ausdruck bringen, dass es sich um ernstzunehmende Ziele für Bergfreunde handelt. Für Ausdauernde böten sich von den Schwarzentennalmen Tourenmöglichkeiten genug: Hinauf zum Leonhardstein zum Beispiel oder aber zu Roß- und Buchstein. Da es aber für dieses Mal ein beschaulicher Alpenspaziergang bleiben soll, beschränken wir uns auf den Weg zurück. Zunächst folgt man dem Anstiegsweg, bis nach etwa eineinhalb Kilometern bei der Luckengrabenalm rechts ein Forstweg abzweigt. Den schlägt man ein und wandert auf ihm zum Bauer in der Au, 904 m, der schon legendären Ausflugsgaststätte. Nach geradezu unverzichtbarer Einkehr ist der Rest Formsache: auf breitem Weg hinab nach Abwinkl, wo der Wandertag begann.

Rechts der Berggasthof Schwarzentennalm, im Hintergrund der Leonhardstein.

Einkehr

■ **Berggasthof Schwarzentennalm** (ganzjährig geöffnet, von Oktober bis Mai Dienstag und Mittwoch Ruhetag). Beim Rückweg empfiehlt sich der

■ **Bauer in der Au** als bekannte und beliebte Ausflugsgaststätte.

18 Roßstein und Tegernseer Hütte

Anfahrt

■ Über Gmund und Bad Wiessee nach Kreuth und weiter Richtung Achenpass. 700 m hinter dem Gasthaus Bayerwald befindet sich der Wanderparkplatz.

Höchster Punkt Roßstein, 1698 m

■ **Zeit** Anstieg 2.30 Std., der Roßstein-Gipfel liegt nur wenige Meter oberhalb der Hütte. Abstieg 2 Std.; insg.: 4.30 Std.
■ **Schwierigkeit** Zum Teil steiler, aber gut begehbarer Bergsteig. Der direkte Hüttenzustieg vom »Brotzeitfelsen« ist drahtseilgesichert.
■ **Karte** Topographische Karte 1:50 000 Mangfallgebirge (LVG).

Die Tegernseer Berge haben jenen liebreizenden Charme, der bewaldeten, gelegentlich durch Almwiesen und freie Gipfelkuppen durchbrochenen Bergregionen zu eigen ist. Einige kleinere Felsgipfel – wie der Blankenstein oder die Ruchenköpfe – geben ihnen dabei noch einen alpinen Akzent. Der Doppelgipfel Roß- und Buchstein gehört zu den Dritten im Bunde. Wenn auch der Buchstein den Felsgeübteren vorbehalten ist, so bleibt doch noch der Roßstein als einfacher Wandergipfel; alle gemeinsam treffen sich dann wieder auf der Tegernseer Hütte, die in exponierter Lage im Sattel zwischen beiden Gipfeln liegt.

Wir beginnen unsere Wanderung am Parkplatz an der Straße Richtung Achenpass und müssen zu Beginn ein recht »gaches« Stück bewältigen. Der steile und schmale Bergwanderweg ist ausgeschildert und führt uns zunächst durch ein schattiges Waldstück hinauf zu dem Sonnbergalm-Niederleger auf 1144 Meter Höhe. Wir gehen dort zwischen den Hütten durch und folgen jenseits weiter dem noch steilen Steig durch den nun lichter werdenden Wald, bis wir die Almwiesen des Sonnbergs, einem freien Bergrücken vor dem eigentlichen Ziel, erreichen. Bereits hier bietet sich uns eine freie Sicht auf all die umliegenden Berge, wobei sich der keck aufrichtende Leonhardstein besonders bemerkbar macht. Links von der Alm steigen wir nun weiter über die freien Hänge bis zum sogenannten Brotzeitfelsen, wo

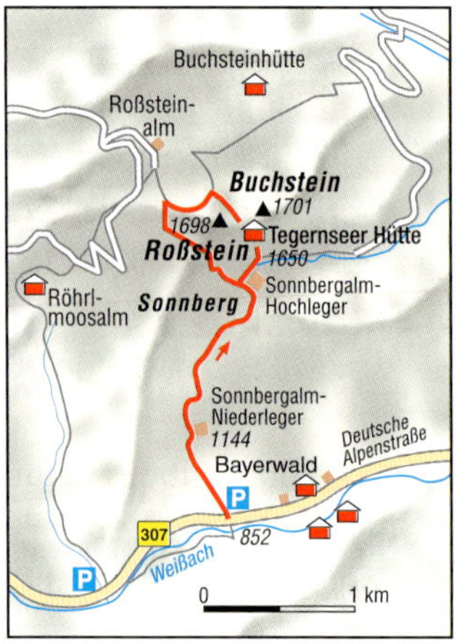

Und nach der Tour
Ein Abstecher zum Weiler Glashütte an der Straße zum Achenpass. Die Glashütte ist seit 1698 nicht mehr in Betrieb, aber wir finden dort ein Gasthaus und die kleine Kirche Maria Heimsuchung mit einigen wertvollen Kunstwerken.

Bild Seite 48/49: Blick übers Isartal bei Lenggries; im Hintergrund das Brauneckmassiv.

Von der Terrasse der Tegernseer Hütte präsentieren sich die umliegenden Berge wie aus der Vogelperspektive.

sich die trittsicheren von den nicht schwindelfreien Wanderern trennen müssen. Erstere nehmen den rechts nach oben führenden leichten Klettersteig, der direkt hinaufführt zur Tegernseer Hütte, die weniger Geübten umrunden statt dessen im Uhrzeigersinn den Roßstein und steigen dann von Norden kommend hinauf zur Hütte. Von dort sind es nur noch wenige Meter zum Roßstein-Gipfel; Klettergewandte dürfen sich natürlich auch am Buchstein versuchen, der sich direkt hinter der Hütte steil in den Himmel reckt. Doch Vorsicht, der Fels ist schon ziemlich abgegriffen und glatt. Und trotz des nicht schwierigen Anstiegs stellt gerade die starke Ausgesetztheit des Geländes für die meisten Tatendurstigen das größte Hindernis dar.
Für den Rückweg nehmen wir den Anstiegsweg, doch gibt es natürlich auch die Möglichkeit, über das Schwarzenbachtal bzw. über die im Sommer einfach bewirtschaftete Röhrlmoosalm an unseren Ausgangspunkt an der Deutschen Alpenstraße zurückzukehren.

Einkehr

- **Tegernseer Hütte** (von Mitte Mai bis Anfang November bewirtschaftet).
- **Mehrere Gaststätten** an der Deutschen Alpenstraße, z. B. das Gasthaus Bayerwald.

Isarwinkel

19 Von Lenggries auf die Denkalm

Anfahrt

■ Salzburger Autobahn bis zur Ausfahrt Holzkirchen, dann auf der Landstraße über Holzkirchen und Sachsenkam nach Bad Tölz (bzw. Garmischer Autobahn bis zur Ausfahrt Penzberg, dann über Penzberg und Bad Heilbrunn nach Bad Tölz); weiter auf der Landstraße nach Lenggries bis zur Ortsmitte. Dort Parkplatz. Ein weiterer Parkplatz befindet sich bei der »Isarwelle«.

Höchster Punkt Denkalm, 970 m

■ **Zeit** Von Lenggries-Ortsmitte bis zur Denkalm 1 Std., für den Rückweg durch das Reiterbachtal 1.15 Std.; insgesamt: 2.15 Std.

■ **Schwierigkeit** Zu Beginn befestigte Straße, dann Almfahrweg; der Rückweg erfolgt auf Wanderweg und Forststraße.

■ **Karte** Topographische Karte 1:50 000 Bad Tölz - Lenggries und Umgebung (LVG).

Der alte Flößerort Lenggries mit seiner prächtigen Pfarrkirche gehört zu den Flecken, die einen ausführlichen Besuch verdient haben. Das dörfliche und bäuerliche Element ist noch in jeder Ecke spürbar. Blumengeschmückte Balkone, enge Gässchen, Bauernhöfe mitten im Ort lassen auch im flüchtigen Besucher heimische Wärme aufkommen.

Wir beginnen unseren kleinen Streifzug an der Pfarrkirche, wo wir bereits einen kleinen Wegweiser zu unserem Ziel entdecken, biegen dort links in die Gebhartgasse, sodann gleich wieder rechts in die Gaissacherstraße ein. Vorbei an der Dorfschänke bummeln wir dann weiter durch die Bachmairgasse bis zum Dorfende. Bei der Wegverzweigung am kleinen Hang gehen wir rechts und gleich wieder links, dann weiter geradeaus, wo wir auf eine Metalltafel stoßen, die uns anzeigt, ob die Alm auch bewirtschaftet ist. Bei der Tafel halten wir uns rechts und nach den letzten Häusern schlendern wir durch schöne Bauernwiesen auf noch befestigter schmaler Straße geradewegs auf den Wald zu.

Rechts oben spitzt der Geierstein mit seinem felsigen Haupt durch den ansonsten dichten Wald. Nach einer halben Stunde endet der

Und nach der Tour

Freibad und »Isarwelle« in Lenggries. Badestrände und Surfmöglichkeiten am Sylvensteinsee südlich von Lenggries.

Auf der Denkalm gibt es auch für Kinder freien Auslauf.

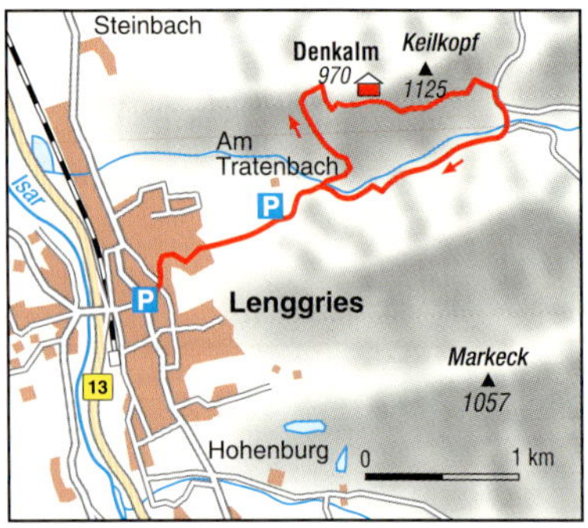

ausgebaute Weg. Links haltend überqueren wir eine kleine Holzbrücke (bei der der Tratenbachweg von links einmündet) und steigen nun etwas steiler auf dem schmalen Almfahrweg durch Wald hinauf. Der Weg wird wieder flacher und zuweilen können wir bereits einen Blick ins Tal werfen. Nach einigen Kehren erreichen wir auch bald die aussichtsreich gelegene Alm, wo wir uns auf der Terrasse niederlassen können. Vor uns nun der freie Blick über Lenggries hinweg auf die Karwendelberge und auf das Brauneck.
Da wir nach dem eher kurzen Anstieg sicherlich noch Kräfte übrig haben, machen wir die Runde mit einem ausgedehnten Waldspaziergang komplett. Von der Denkalm steigen wir gleich rechts den Ziehweg steil hinauf, dann bei der Gabelung rechts und in den Wald hinein. Bald weist uns ein Schild links hinauf! Richtung Lenggries. Nun in einer weiten Kehre durch schönen Hochwald auf einen Sattel, etwas unterhalb des Keilkopfs. Jenseits hinunter und wieder hinauf bis zum höchsten Punkt unserer Tour. Dann aber geht's wirklich steil hinab zu einer querführenden Forststraße (30 Min. ab Alm). Rechts leicht fallend bis zu einem Holzlagerplatz und dort wieder rechts. Bald über eine kleine Steinbrücke und rechts den Bach entlang hinunter, bis wir wieder auf den Anstiegsweg treffen.

Freier Blick in den Isarwinkel – dahinter das Karwendelgebirge

Einkehr

- **Denkalm**, 970 m (ganzjährig bewirtschaftet; Mittwoch Ruhetag).
- Mehrere Gaststätten in Lenggries.

20 Lenggrieser Hütte und Seekarkreuz

Anfahrt

■ Über Holzkirchen und Sachsenkam nach Bad Tölz (bzw. Garmischer Autobahn bis zur Ausfahrt Penzberg, dann nach Bad Tölz); von dort zum südlichen Ortsende von Lenggries. Unser Ausgangspunkt befindet sich im Ortsteil Hohenburg, etwa 2 km von der Ortsmitte in Nähe der Schlossschänke. Parkmöglichkeiten entlang der Straße.

Höchster Punkt Seekarkreuz, 1601 m

■ **Zeit** Zur Lenggrieser Hütte 2.15 Std., evtl. Anstieg zum Seekarkreuz 45 Min. Abstieg über die Grasleite 2 Std.; insgesamt: 4 .15 Std. bis 5.30 Std.

■ **Schwierigkeit** Zu Beginn breite Wirtschaftswege, dann Bergsteige; der Abstecher zum Seekarkreuz ist nur mit gutem Schuhwerk anzuraten. Der Sulzersteig ist streckenweise feucht.

■ **Karte** Topographische Karte 1:50 000 Bad Tölz - Lenggries und Umgebung (LVG).

Die westlichen Ausläufer der Tegernseer Berge haben keine spektakulären Erhebungen; sie sind meist stark bewaldet und bieten nur im oberen Bereich gute Aussichtsmöglichkeiten. Das Seekarkreuz hat diesen Vorzug aufzuweisen. Überdies kommen wir dann noch in den Genuss einer ganzjährig bewirtschafteten Alpenvereinshütte. Und auf ihrer Terrasse zu sitzen und den Blick Richtung Westen schweifen zu lassen - das ergibt eine gute Perspektive.

Vom Parkplatz in Hohenburg gehen wir zuerst auf asphaltierter Straße Richtung Hirschtalsattel. Der daran anschließende unbefestigte Wirtschaftsweg führt uns dann durch Wiesen, bis wir nach 20 Minuten den Wald erreichen. Angenehm schattig steigen wir leicht an, bis wir nach weiteren zehn Minuten auf den Hirschbach treffen. Wir passieren eine Schranke und folgen dem rauschenden Hirschbach. Nach Querung von zwei kleinen Brücken, treffen wir auf eine dritte, vor der rechts der Sulzersteig abzweigt (Mark.-Nr. 612). Ihm folgen wir nun steil aufwärts durch Wald, wobei wir immer auf der rechten Seite des hier herab-

Die Lenggrieser Hütte liegt etwas versteckt im Wald und verfügt über wenig Aussicht; der Anstieg zum Seekarkreuz ist daher obligatorisch.

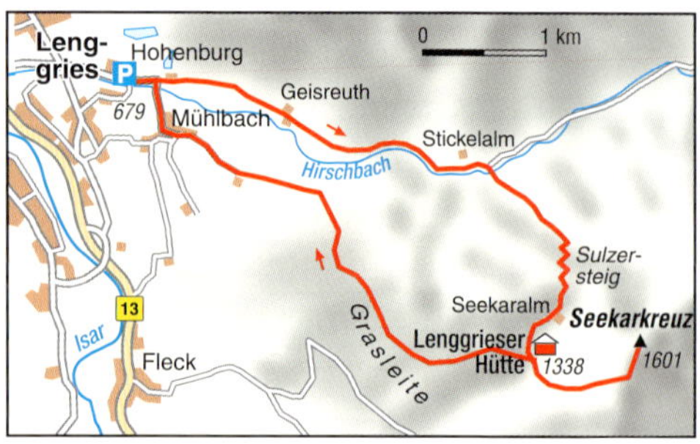

Blick über die Seekaralm auf das Seekarkreuz.

fließenden Baches bleiben. Durch Laub- und Nadelwald steigen wir höher, bis wir nach etwa zwei Stunden Gehzeit auf eine Almwiese treffen. Hier leitet uns ein Almfahrweg zuerst zur Seekaralm und weiter zur Lenggrieser Hütte auf der Westseite des Berges. Falls wir einen Gipfelabstecher machen wollen, benutzen wir den links von der Hütte Richtung Osten führenden Weg, der sich bereits nach wenigen Metern verzweigt. Vorbei an der Jubiläumshütte steigen wir dann durch dichten Wald auf lehmigem Steig (die vielen Wegvarianten sollen nicht irritieren, sie führen alle nach oben) hinauf zu den freien Gipfelmähdern.

In leichtem Linksbogen über den grasbewachsenen Kamm zum Gipfel mit Kreuz (und Gipfelbuch). Den Abstieg zur Hütte bewältigen wir auf der Anstiegsroute. Für den Talabstieg wählen wir jedoch eine neue Route: Kurz vor der Hütte beginnt links ein gut angelegter, steiler Steig, der uns auf der Südseite des Grasleitenkopfs durch Wald hinunter Richtung Lenggries führt.

Bei der Wegverzweigung, auf die wir nach einer halben Stunde Gehzeit treffen, halten wir uns rechts, verlassen nach einer guten Stunde den Wald und wandern auf Steig und über Feldwege hinab. Hinter dem Tradln-Anwesen treffen wir dann auf die asphaltierte Fahrstraße, der wir bis zum Ausgangspunkt folgen.

Einkehr

■ **Lenggrieser Hütte**, 1338m. (ganzjährig bewirtschaftet, von November bis Mai Dienstag Ruhetag).

Und nach der Tour

In Bad Tölz bieten sich das ALPAMARE für erlebnishungrige Wassersportler sowie die reizvolle Altstadt zur Besichtigung an.

21 Am Brauneck

Anfahrt

■ Über Holzkirchen und Sachsenkam nach Bad Tölz (bzw. auf der Garmischer Autobahn bis zur Ausfahrt Penzberg, dann nach Bad Tölz); weiter auf der Landstraße nach Lenggries bis zur Ortsmitte, dort der Ausschilderung zur Brauneckbahn folgen (etwa 1 km ab Ortsmitte). Großer Parkplatz.

Höchster Punkt Brauneck, 1555 m

■ **Zeit** Von der Bergstation über das Brauneckhaus zur Kotalm knappe 2 Std., für den Abstieg zur Talstation 1.30 Std.; insgesamt: 3.30 Std.
■ **Schwierigkeit** Breite Wirtschaftswege, z. T. steile Wanderwege, der Obergang von der Bayernhütte über die Florianshütte zur Kotalm erfolgt auf schmalem Steig.
■ **Karte** Topographische Karte 1:50 000 Bad Tölz – Lenggries und Umgebung (LVG).

Und nach der Tour

In Lenggries befindet sich ein privates Tiermuseum mit über 1000 präparierten Tieren bzw. Vögeln (Bergweg 12, täglich von 10 bis 16 Uhr).

Knapp zehn Hütten und Almen versorgen den Bergwanderer am Brauneck mit Speis' und Trank, bei einigen besteht sogar Übernachtungsmöglichkeit. Beweis genug, dass dieser östliche Teil der Benediktenwandgruppe der beliebteste Berg des Isarwinkels ist. Und er gehört auch zu den schönsten Aussichtsbergen: Der Blick reicht vom Voralpenland bis zum Karwendel und zu den Tegernseer Bergen. Nur im Westen baut sich die etwas höhere Benediktenwand auf. Die Gondelbahn von Lenggries erspart uns den Aufstieg und lockt statt dessen mit einem gemütlichen Wandern bergab.
Von der Bergstation der Seilbahn steigen wir zuerst auf breitem Weg hinauf zum Brauneckhaus und zum eigentlichen Gipfel knapp oberhalb. Von dort gehen wir bequem Richtung Westen auf der Kammhöhe, dann leicht hinab zur Umsetzstation, kurz vor dem felsigen Schrödelstein. Von dort links hinab, bis wir auf dem von links kommenden Panoramaweg stoßen. Auf ihm weiter zur schön gelegenen Tölzer Hütte und weiter zur Quengeralm und zur Strasseralm, die alle zur Einkehr laden. Auf dem breiten Fahrweg etwas steil hinunter zur

Das Brauneck-Gipfelhaus, knapp unterhalb des Brauneck-Gipfels.

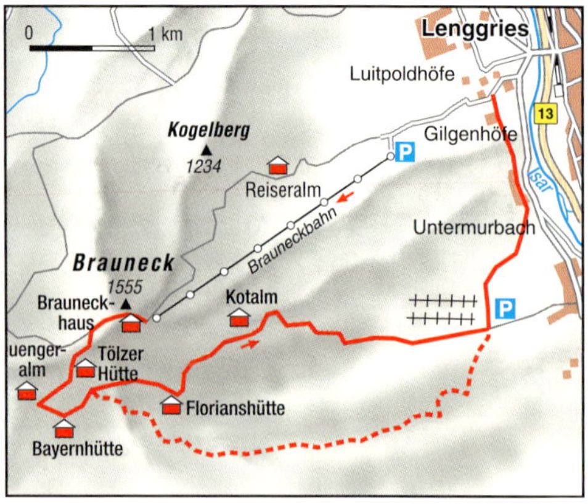

Auf dem Panoramaweg von der Bergstation zur Tölzer Hütte; dahinter ragt der Schrödelstein auf.

aussichtsreichen Bayernhütte, wo wir bald den breiten Weg verlassen. An der ersten Kurve wenige Minuten unterhalb führt links ein schmaler Pfad hinüber zur Florianshütte. Vor der Hütte links steil den freien Hang hinauf, oben ein kurzes Stück nach links, dann jenseits der Kammhöhe auf schmalem Pfad hinab zur bereits sichtbaren Kotalm, die sich so richtig zur Rast anbietet. Vielleicht nutzt man solch' eine Rast auch einmal, um sich Lenggries als einem Flößerdorf zu entsinnen, zu Zeiten, als die Isar in dieser Gegend noch ein richtiger Fluss gewesen ist und kein trauriger Bach, dem alle Wildheit durch Kraftwerksnutzung und Speichersee genommen wurde. In einem Bericht von 1873 ist zu lesen: »Der wesentlichste Betrieb der Einwohner ist die Flößerei … manche halten in München an, andere fahren die Donau hinab bis Wien oder gar Ungarn.« Ob es bessere Zeiten waren? An einem Tag wie diesem möchte man es fast meinen. Von der Kotalm geht's dann auf dem Almfahrweg durch Wald hinab, bis zum Fuß der Skilifte. Dort links auf dem Wiesenweg und Fahrweg zu den Weilern Untermurbach und Gilgenhöfe. An prächtigen Bauernhäusern vorbei schlendern wir auf schmaler Asphaltstraße zurück zur Talstation der Seilbahn.

Einkehr

■ **Brauneckhaus, Tölzer Hütte, Quengeralm, Strasseralm, Bayernhütte, Florianshütte** und **Kotalm** sowie die **Alte Mulistation** in Nähe der Brauneckbahn-Talstation (alle während der Wandersaison bzw. ganzjährig geöffnet).

22 Blomberg und Zwiesel

Anfahrt

■ Über Salzburger Autobahn bis Ausfahrt Holzkirchen, dann weiter nach Bad Tölz. Auf der Umgehungsstraße Richtung Kochel. Etwa 3 km westlich von Bad Tölz erreicht man den großen Parkplatz der Blombergbahn.

Höchste Punkte Blomberg, 1248 m, Zwiesel, 1348 m

■ **Zeit** Für den Aufstieg vom Parkplatz zum Zwiesel sollte man 2 bis 2.30 Std. einplanen. Der Abstieg vom Gipfel zur »Sommerrutschn« erfordert etwa 1 Std.; insgesamt: 3.30 Std. (Wer aufs Rodeln verzichtet und ganz hinunter wandert, braucht 30 Min. länger.)

■ **Schwierigkeit** Breite Wanderwege, die leicht begehbar sind. Lediglich in Gipfelnähe ist etwas Trittsicherheit im Wiesengelände vonnöten. Gutes Schuhwerk empfehlenswert.

■ **Karte** Topographische Karte 1:50 000 Bad Tölz – Lenggries und Umgebung (LVG).

Ob Blomberg und Zwiesel richtige Berge sind? Wo sie doch nicht viel höher sind als 1200 und 1300 Meter? Ob es sich doch vielleicht nur um waldige Voralpenhügel handelt? Weit gefehlt. Die Aussicht ins richtige Gebirge ist grandios, das Wandern beschaulich, die Einkehr verlockend und die Sommerrodelfahrt, so man sich traut, eine Riesengaudi zum Schluss. Wer möchte noch länger daran zweifeln, dass Blomberg und Zwiesel einen Ausflug wert sind?

Gleich bei der Talstation der Blombergbahn teilen sich die Wege: Wählt man den rechten, so erreicht man das Blomberghaus über breite, gemächlich ansteigende Forststraßen. Hält man sich links, so entscheidet man sich für den steileren, kürzeren, in der Regel auch schnelleren Weg hinauf in die Region der Voralpengipfel.

Vom Blomberghaus, das man nach 1 bis 1.30 Stunden erreicht hat, führt der Weg zunächst als Forststraße nach Westen zur Kotlache, wo ein Steig nach Süden abzweigt. Anfangs durch Wald, bald durch freies Almgelände, gelangt man zum Gipfel des 1348 Meter hohen Zwiesels. Vom Blomberghaus bis hier herauf ist es gerade mal eine gute

Und nach der Tour

Wem noch etwas Zeit bleibt, der sollte nicht versäumen, durch die Tölzer Marktstraße und durch die abzweigenden Gässchen zu bummeln. Hier ist das historische Zentrum, das bereits im Mittelalter Umschlagplatz für Salz und andere wertvolle Güter war. Die herrlichen Giebelhäuser sind im Kern noch mittelalterlich und weisen teilweise schöne Lüftlmalereien auf.

Die Wanderwege rund um den Blomberg sind sehr gut ausgeschildert.

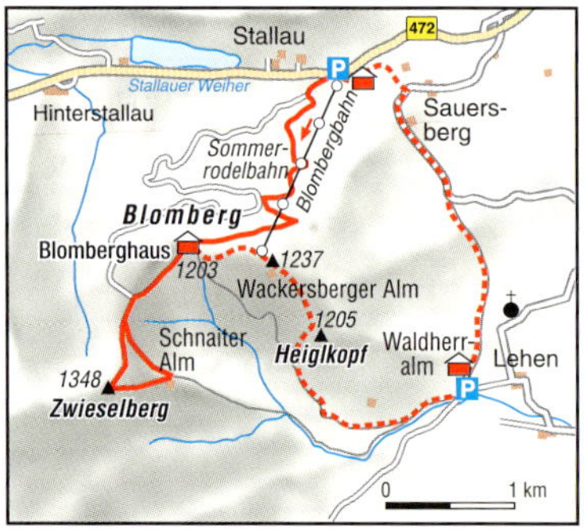

halbe Stunde – viel länger wird man nun verweilen wollen, um den ganz eigenen Reiz der Bayerischen Voralpen auszukosten. Der Abstieg führt zurück zum Blomberghaus. Dann auf dem steileren Weg (Bezeichnung 461) hinab Richtung Talstation der Seilbahn. Aber allzuweit geht man jetzt nicht. Bei der »Mittelstation« des Sessellifts können Kunststoffrodel entliehen werden. Auf der 1200 Meter langen Sommerrodelbahn ist die Abfahrt ins Tal eine Riesengaudi. Freilich nur, wenn man's nicht zu rasant angehen lässt.
Wer lieber ausgiebig wandert als rasant rutscht, der kann eine Variante begehen. Von der Bergstation des Sessellifts auf einem Höhenrücken südwärts zum Gipfelkreuz des Heiglkopfes (1205 m). Ein markierter Wanderweg führt dann in südlicher Richtung zunächst im Wald talwärts. Wo das Gelände freier wird, hält sich der Weg allmählich nach Osten, nach einer Dreiviertelstunde ist die beliebte Ausflugsgaststätte »Waldherralm« erreicht.
Eine reizvolle Talwanderung führt nun durch Wiesen und Felder zum »Quellenwirt«. Nun folgt man ein Stück einer wenig befahrenen Straße; wo die sich scharf rechts wendet, zweigt links ein Weg zur Blombergbahn ab.

Blick über die Sauersberger Almen auf den Zwiesel; von dort oben bietet sich eine herrliche Aussicht auf die gesamte Benediktenwandgruppe.

Einkehr

■ Das **Blomberghaus**, 1203 m, ist ganzjährig bewirtschaftet.
■ **Blockhütte** bei der Talstation der Blombergbahn.

23 Auf den Staffel

Anfahrt

■ Über Bad Tölz nach Lenggries; weiter über Wegscheid nach Jachenau. Abzweigung nach Niggeln beim Gasthaus Friedeln.

Höchster Punkt Staffel, 1532 m

■ **Zeit** Anstieg etwa 3 Std.; Abstiegswege nach Fleck oder Niggeln 2 Std.; insgesamt: 5 Std.
■ **Schwierigkeit** Für den Anstieg von Niggeln sind Orientierungssinn und eine Spürnase für die Wegfindung nötig. Der Abstieg nach Fleck ist eine Bergwanderung ohne nennenswerte Schwierigkeit.
■ **Karte** Topographische Karte 1:50 000 Bad Tölz – Lenggries und Umgebung (LVG).

Der Staffel gehört zu jenen Bergen der Bayerischen Voralpen, die etwas abgelegener und daher weniger besucht sind als beispielsweise ein Jochberg oder ein Herzogstand, ein Seekarkreuz oder ein Buchstein. Wandert man zu seinem Gipfel, so ist der Wegverlauf unspektakulär; was vorherrscht, ist Wald, was zählt, ist die Stille. Und schließlich lockt der Staffel ja auch mit einer wundervollen Gipfelsicht.

Und nach der Tour

Zum Baden, Surfen oder Boot fahren an den Walchensee. Besonders ruhige Buchten gibt es am Ostufer, die jedoch nur zu Fuß oder mit dem Rad zu erreichen sind. Das Wasser erwärmt sich allerdings erst relativ spät, dafür ist das Wasser sehr klar und sauber. Mit dem Gasthaus Waldschänke in Niedernach haben wir dann gleich eine beliebte Einkehr sozusagen nur um die Ecke.

Der Staffel über der Jachenau wird durch ein monumentales, aber schlicht gestaltetes Gipfelkreuz geschmückt.

Der bezeichnete Weg vom Ausgangspunkt Niggeln führt zunächst in südöstlicher Richtung; bei einer Wegabzweigung hält man sich rechts. Immer in der Nähe des Raitgrabenbachs steigt man nun südwärts bergan und durch Wald in den Sattel zwischen Reineck zur Linken und dem Staffel rechter Hand. Von nun an wendet sich der Weg in südwestliche Richtung und erreicht nach einem weiteren waldreichen Abschnitt bei der Staffel-Hochalm gleichsam das Freie. Lichtes Gelände, Gipfelnähe, nur noch ein paar Minuten hinauf zum höchsten Punkt. Im Abstieg wandert man zurück zur Staffel-Hochalm. Hier hält man sich nun rechts (westwärts) und wandert auf markiertem Steig hinab Richtung Jachenau-Fleck.

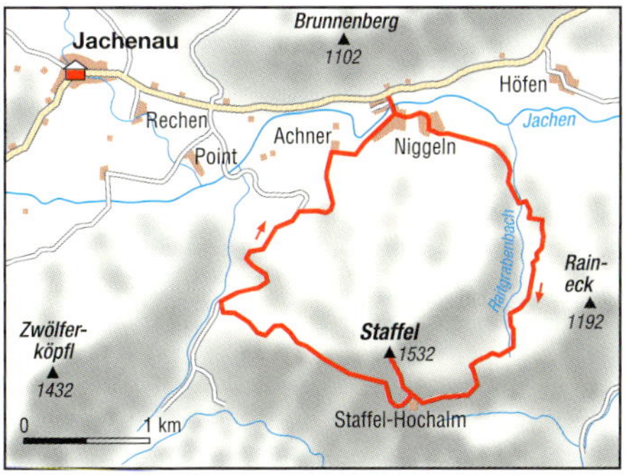

Auch ohne Lederhose ein Erlebnis: Blick vom Staffel auf die Südseite der Benediktenwand.

Einkehr

Unterwegs keine, also Verpflegung aus dem Rucksack. In Jachenau hingegen mehrere alte, urige Bauernwirtshäuser.

24 Jochberg und Jocheralm

Anfahrt

Garmischer Autobahn bis Ausfahrt Murnau/Kochel. Dann über Großweil nach Kochel und hinauf zum Kesselberg. Parkplätze an der Passhöhe, bzw. kurz unterhalb.

Höchster Punkt Jochberg, 1565 m

Zeit Anstieg 2 Std. Abstecher zur Jocheralm 30 Min. Abstieg zum Kesselberg 1.15 Std.; insgesamt: etwa 3.45 bis 4 Std.

Schwierigkeit Schmale, aber gute Steige.Der erste Teil des Anstiegs ist jedoch etwas steil.

Karte Topographische Karte 1:50 000 Bad Tölz – Lenggries und Umgebung (LVG).

Der Jochberg ist vor allem wegen seiner herrlichen Aussicht berühmt und beliebt. Am Gipfel sitzend, lässt sich ein weiter Alpenbogen überschauen: Bayerische Voralpen und Rofangebirge, Karwendel und Estergebirge, Stubaier Alpen und Wetterstein. Nicht minder reizvoll ist der Blick ins Tal. Von Süden her glitzert der Walchensee herauf, dreht man sich um, schaut man nordwärts, dann liegt dem Jochberg der Kochelsee zu Füßen. Aber was sollen Worte – das muss man selbst gesehen haben.

Die Wanderung beginnt am Kesselberg, jener Passhöhe von 850 Metern, die den Kochelsee vom Walchensee scheidet. Ein paar Treppen führen ostwärts in den lichten Mischwald; auf einem schmalen Bergsteig gewinnt man in angenehmer Steigung allmählich an Höhe. Etwa eine Stunde lang führt der Weg in Serpentinen empor, bis man nach rechts schwenkend eine Schulter im westlichen Ausläufer des Jochbergs gewinnt. Von nun an führt die Wanderung meist nahe an den schroffen Nordabbrüchen entlang. Das bietet reizvolle Aussichten, die freilich mit entsprechender Vorsicht genossen werden sollten. Bei einem Weidegatter verlässt man den Wald und tritt hinaus in die Wiesenhänge des Gipfelaufschwungs. Rechts zweigt ein Weg zur

Und nach der Tour

Ein Bad im kühlen Kochelsee oder im geheizten TRIMINI, das mit allerlei Annehmlichkeiten aufwarten kann..

Der Anstieg auf den Jochberg führt durch schattigen Mischwald.

Jocheralm ab; später! Zuvor soll dem Jochberg ein Besuch abgestattet werden. Noch ist es eine Viertelstunde hinauf zum Kreuz, mit jedem Schritt werden die Ausblicke herrlicher, schließlich findet der Aufstieg nach etwa zwei Stunden in 1565 Metern Höhe sein Ende. Nach ausgiebiger Gipfelrast steigt man entlang des Anstiegsweges zurück (der Steig wurde erst kürzlich saniert) bis zum Waldrand und hält sich hier links zur Jocheralm, wo man sich eine gute Bauernbrotzeit bestellen kann. Danach führt ein fast ebener Weg westwärts zur Schulter des Jochbergs und von da am Anstiegsweg in vielen Serpentinen zurück zum Kesselberg oberhalb des Walchensees. Eine andere Möglichkeit ist die, von der Jocheralm direkt nach Süden zum Walchensee hinunterzuwandern. Man hält sich zunächst auf der Forststraße Richtung Jachenau, bis rechts ein Steig abzeigt, der in vielen Serpentinen waldschattig hinunterführt nach Sachenbach. Die Bauernhäuser dieses Jachenauer Ortsteiles liegen fast unmittelbar am See. Wie bei einem langen Promenadenspaziergang schlendert man nun am Ufer entlang nach Urfeld; eine kleine, für Autos gesperrte Straße vermittelt den Weg. Wenn es sehr heiß ist, nimmt man an irgendeiner günstigen Stelle ein gewiss erfrischendes Bad in diesem Bergsee, wenn's kühler ist, dann lässt man es sein, wandert nur und genießt.

Blick über die Jocheralm und den Walchensee hinweg auf das Karwendel.

Einkehr

- **Jocheralm**, 1381 m (im Sommer einfach bewirtschaftet).
- Zahlreiche **Gaststätten** am Walchensee.

25 Zum Herzogstand

Anfahrt

■ Auf der Garmischer Autobahn bis zur Ausfahrt Murnau/Kochel, dann auf Landstraße über die Kesselbergstraße nach Walchensee. Dort Parkplatz an der Talstation der Herzogstandbahn.

Und nach der Tour

Zum Freilichtmuseum auf der Glentleiten (bei Großweil).

Höchster Punkt Herzogstand, 1731 m

■ **Zeit** Anstieg 45 Min.; Rückweg zum Herzogstandhaus und Abstieg durch den Lerchwald nach Walchensee 1.15 Std.; insgesamt: etwa 2.30 Std.
■ **Schwierigkeit** Breiter Wanderweg zum Gipfel, steiler Bergsteig im Abstieg (einige Seilsicherungen).
■ **Karte** Topographische Karte 1:50 000 Bad Tölz – Lenggries und Umgebung (LVG).

Die Tour auf den Herzogstand gehört zu den klassischen Unternehmungen im bayerischen Voralpenland. Und es ist durchaus legitim, mit der Gondelbahn hinaufzufahren, denn immerhin müssen wir zum eigentlichen Gipfel noch ein Stück Wegs zurücklegen. Berühmt ist bei schwindelfreien Bergwanderern die Überschreitung des Verbindungskammes hinüber zum Heimgarten. Wir begnügen uns heute jedoch mit einem bequemen Ausflug zum Aussichtspavillon auf dem Herzogstand, von dem aus sich ein großartiger Ausblick auf das Alpenvorland bietet, und anschließend statten wir noch dem Herzogstandhaus einen Besuch ab.

Der ungewöhnliche Pavillon auf dem Gipfel des Herzogstand.

Von der Bergstation der Gondelbahn gehen wir auf breitem Weg nahezu eben hinüber zum Herzogstandhaus, wobei wir einen freien Blick auf den Walchensee und das dahinterliegende Karwendelgebirge genießen können. Von dort führt dann der Weg zunächst noch relativ eben unter dem Martinskopf hindurch bis an den Gipfelaufschwung des Herzogstands heran. Nun auf gut angelegtem Steig in weiten Serpentinen durch die latschenbewachsene Südseite hinauf zu einem aussichtsreichen Vorgipfel, dann links weiter zum Gipfelpavillon, der bei Wind und Wetter einen willkommenen Zufluchtsort darstellt. Hier ist die Aussicht unvergleichlich: Im Norden erkennen wir das bayeri-

sche Seenland, im Osten stehen nah die Berge der Benediktenwandgruppe: Jochberg, Rabenkopf und die felsige »Benewand« selbst. Nach Süden tut sich ein eindrucksvolles Karwendel- und Wettersteinpanorama auf, und an klaren Tagen geben noch die dahinterliegenden Zentralalpengruppen einiges von ihrer Pracht preis. Und nach Westen schaut man über den langen Grat zum Heimgarten, dem abgelegenen Zwillingsbruder des Herzogstands. Auf dem gleichen Weg kehren wir dann zurück zum Herzogstandhaus. Von dort führt ein steiler, aber gut begehbarer Bergsteig (Ausschilderung) durch Wald direkt hinunter zu unserem Ausgangspunkt bei der Talstation.

Das Herzogstandhaus wurde in den 90er-Jahren des letzten Jahrhunderts nach einem Brand neu errichtet.

Folgende Doppelseite: Über dem Lautersee erhebt sich majestätisch das Karwendelgebirge; der markante Felszapfen in der Bildmitte ist die Viererspitze.

Einkehr

■ Das **Herzogstandhaus** (von Januar bis Oktober durchgehend bewirtschaftet; Tagesbetrieb jedoch nur bis 16 Uhr).

Karwendel

26 Die Rontal-Tortal-Runde

Anfahrt

■ Mit dem Auto von München über Tölz nach Lenggries. Weiter über Fall nach Vorderriß und Hinterriß. Wanderparkplatz am Ortsausgang von Hinterriß. Tipp: Von Lenggries fährt ein Bergsteigerbus in Richtung Eng bis Hinterriß.

Höchster Punkt Torscharte, 1815 m

■ **Zeit** Von Hinterriß bis zur Rontalalm wandert man etwa 1 Std.; hinauf zur Torscharte braucht man weitere 1.30 Std. Der Abstieg durchs Tortal erfordert etwa 2 Std.; insgesamt: etwa 4 bis 5 Std.

■ **Schwierigkeit** Alm- und Bergwanderwege.

■ **Karte** Topographische Karte 1:50 000 Karwendelgebirge (LVG).

Die meisten fahren durch Hinterriß durch. Denn die Straße führt noch weit hinein ins Herz des Karwendelgebirges, hinein in die Eng. Aber dort angekommen, muss man leider feststellen, dass dieses Herz ganz ordentlich krankt. Großparkplätze und Großgastronomie, von ursprünglicher Wildromantik keine Spur. Deshalb fahren Kenner nur bis Hinterriß. Dort nämlich beginnt eine Wanderung, die viel stiller und eindringlicher ins Wesen dieses Gebirges hineinführt.

Beim ehemaligen Zollhaus Hinterriß führt der Rontalweg am Ufer des Ronbachs westwärts talein. Bei einer Abzweigung rechter Hand nach Vordersbachau hält man sich weiter am südlichen Ufer des Ronbachs. Nach einer knappen Stunde überschreitet man den Bach auf einer Brücke und gelangt bald darauf zum offenen Gelände der Rontalalm. Vor dieser Alm sei eindringlich gewarnt: Wer sich zu Rast und Verweilen hinreißen lässt, wird nur noch hocken und staunen und das Wandern vergessen. Denn der Blick in die wilden Nordflanken von Östlicher Karwendelspitze und Vogelkarspitze ist einfach überwältigend. Über die offene Almfläche, dann durch Wald geht man auf den Talschluss zu, bis linker Hand ein Steig über Wiesen und Geröll in vielen kleinen Kehren hinaufführt. Von der Rontalalm bis zur 1815 Meter hohen Torscharte sind es etwa 1.30 Stunden. Bei der Scharte führt der Steig ostwärts hinab ins Tortal. Zunächst steil abwärts zum Tortal-Hochleger, dann weiter hinab zu den Weideflächen der Tortalalm. Hier bilden die mächtigen

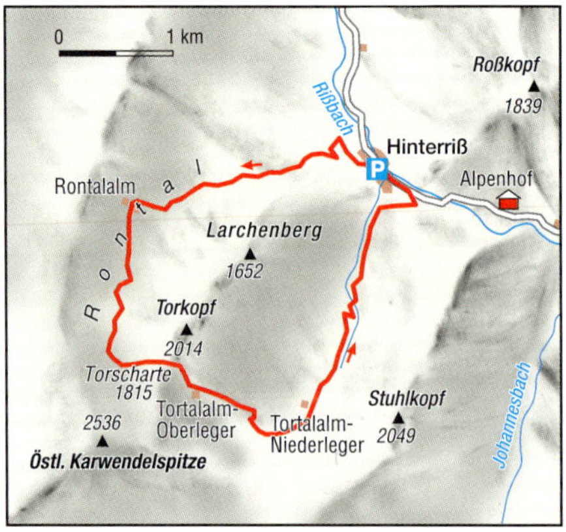

Und nach der Tour

Kleine Spaziergänge in Hinterriß, der einzigen ganzjährig bewohnten Siedlung im Karwendel, und in Vorderriß, wo Ludwig Thoma Kindheitstage verbrachte.

Bild Seite 67: Über dem Rontal erhebt sich in majestätischer Größe die Östliche Karwendelspitze.

Wandfluchten von Lackenkarkopf und Kuhkopf den eindrucksvollen Talabschluss. Ab der Alm verengt sich das Tal. Zunächst links, dann rechts vom Torbach führt der Weg meist waldgesäumt gemütlich talaus und zurück nach Hinterriß.

Einkehr

- **Rontalalm.**
- **Wirtshäuser** in Hinter- und Vorderriß.

Rund um Garmisch-Partenkirchen

27 Hoher Kranzberg und Lautersee

Anfahrt

■ Auf der Autobahn von München nach Garmisch, dann weiter nach Mittenwald. Parkplatz am Obermarkt (Gebühr!) oder an der Talstation des Kranzberglifts.
Tipp: Vom Ferchensee bzw. vom Lautersee gibt es einen Pendelverkehr mit Kleinbussen von und nach Mittenwald.

Höchster Punkt Hoher Kranzberg, 1391 m

■ **Zeit** Etwa 3.30 Std. für die gesamte Rundtour.
■ **Schwierigkeit** Spazierwege und problemlose Bergsteige.
■ **Karte** Topogr. Karte 1:50 000 Werdenfelser Land (LVG).

Der westlich von Mittenwald gelegene Kranzberg wird mit seinen knapp 1400 Metern Höhe leicht übersehen. Dennoch ist die schöne Wanderung zu seinem Gipfel lohnenswert, bietet sich doch von dort oben ein wirklich faszinierender Rundblick auf die eindrucksvollen Felsberge des Wettersteins und des Karwendels wie z.B. die Wettersteinspitzen und die Westliche Karwendelspitze.
Am südwestlichen Ortsrand folgt man durch das Laintal der Beschilderung zum Lautersee. Bei der kleinen Badeanstalt an dessen Nordufer (etwa 30 Min.) zweigt dann ein Weg Richtung St. Anton und Kranzberg ab. Auf gutem Bergsteig erreicht man nach etwa einer Dreiviertelstunde die Ausflugsgaststätte St. Anton, unweit der auch

Und nach der Tour

Das Geigenbaumuseum in Mittenwald sollte man sich nicht entgehen lassen (Ballenhausgasse 3). Die weltweit bedeutende Sammlung zeigt die Geschichte des Geigenbaus und verwandter Instrumente. Täglich – außer montags – von 10 – 13 Uhr und von 15 – 18 Uhr geöffnet, am Wochenende und an Feiertagen nur vormittags.

Vorangehende Doppelseite: Herbststimmung am Rießersee; dahinter bauen sich die markanten Waxensteine auf.

Die kleine Kapelle am Lautersee lädt zur Besinnung ein (rechts); vom Kranzberghaus hat man einen freien Blick auf das Karwendelgebirge (gegenüberliegende Seite).

die Bergstation des Sessellifts sich befindet, der von Mittenwald heraufführt. Nun wird der Weg wieder breiter, aber auch etwas steiler. Nach einer knappen halben Stunde ist das Kranzberghaus erreicht, nach wenigen Minuten steht man am Gipfel mit seinem offenen Unterstandshaus. Für den Abstieg empfiehlt sich der Weg zurück nach St. Anton, von dort hinab zur Talstation des Sessellifts und nach Mittenwald oder die Verlängerung über den Ferchensee.

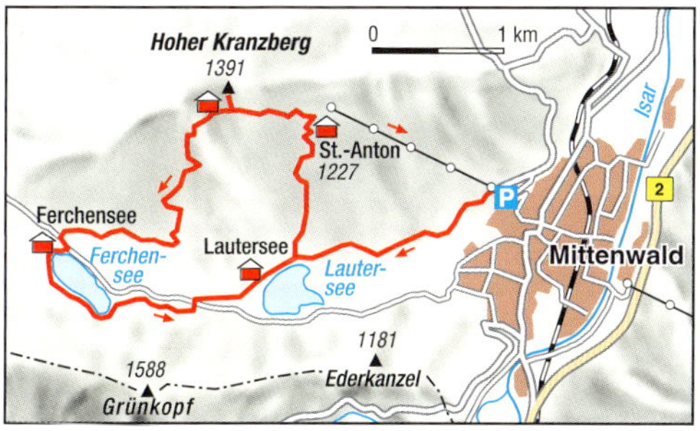

Einkehr

■ **Gasthaus St. Anton**, 1223 m, bewirtschaftet von Weihnachten bis nach Ostern und von Pfingsten bis Allerheiligen (wie Sesselliftbetrieb).
■ **Kranzberghaus**, 1350 m, vorwiegend Wochenendbewirtschaftung.
■ Gasthäuser am Ferchensee und am Lautersee.

28 Wank und Esterbergalm

Anfahrt

■ Mit dem Auto auf der Autobahn von München nach Garmisch und zum Ortsteil Partenkirchen, Parkplatz bei der Talstation der Wankbahn.

Höchster Punkt Wank, 1780 m

■ **Zeit** Für den Abstieg vom Wank zur Esterbergalm benötigt man etwa 1.15 Std.; für den Weg von der Alm zurück zur Talstation der Wankbahn ebenfalls etwa 1.15 Std.; insgesamt: 2.30 Std.
■ **Schwierigkeit** Der Abstieg zur Alm vollzieht sich auf guten Bergsteigen, die allerdings Trittsicherheit erfordern. Der Weiterweg von der Alm ins Tal verläuft dann auf einer eher Forststraße ohne Schwierigkeiten.
■ **Karte** Topographische Karte 1:50 000 Werdenfelser Land (LVG).

Und nach der Tour

Die Besichtigung der Wallfahrtskirche St. Anton ist ein Muss, wird sie doch in allen Kunstführern als eine Perle des Werdenfelser Landes gepriesen. Empfehlenswert darüber hinaus: ein Besuch im Werdenfelser Museum, das mit Volkskunst, Bauernstuben und Weihnachtskrippen aufwartet (Ludwigstr. 47; an Wochenenden nur vormittags, sonst vormittags und nachmittags geöffnet).

Der Wank gilt als vorzüglicher Aussichtsberg. Von Garmisch-Partenkirchen per Seilbahn mühelos erreichbar, breitet sich am Gipfel für den Betrachter ein großartiges Panorama aus: Zugspitze und Alpspitze, der Jubiläumsgrat, die Waxensteine, die Dreitorspitzen. Eines der prachtvollsten Schaustücke in den deutschen Alpen. Wendet man sich dann vom Gipfel nordwärts, steigt man hinab zur Esterbergahn, dann verliert der Tag an optischer Wucht, gewinnt an sanfter Voralpenidylle. Eine Bergwanderung bergab.

Die Kleinkabinenbahn bringt bequem hinauf zum Wank. Tausend Höhenmeter in wenigen Minuten. Ein Lob der Faulheit. Aber für die hier beschriebene Bergwanderung ist uns die Seilbahn gerade recht. Schon steht man also oben am Wank, 1780 Meter hoch, genießt die Ausblicke in die Bergwelt und die Einblicke in so manches alpine Geheimnis des Wettersteingebirges. Bei guter Thermik kann man von hier etliche Drachenflieger und Gleitschirmsegler beim Starten beobachten. Es kostet Überwindung, sich loszureißen und die

Wanderung zu beginnen. Denn es dauert nicht lange und die Eindrücke wandeln sich grundlegend. Vom Wankhaus führt ein Weg (markiert W3) in nordwestlicher Richtung erst dem Bergrücken folgend, dann zur Esterbergalm hin abfallend, in eine andere Welt: Es dominiert nicht mehr der hochalpine Eindruck, man spürt, hier sind noch Voralpen, denen der große Ernst der felsigen Wettersteinberge fehlt. Je weiter man absteigt, desto mehr hält sich der Weg in östlicher Richtung. Nach etwa einer Stunde und 500 hinabgewanderten Höhenmetern trifft man auf den breiten Weg, der von Partenkirchen zur Esterbergalm, 1264 m, führt. Ihm folgen wir ein paar Minuten in östlicher Richtung, dann erreichen wir die ganzjährig bewirtschaftete Alm, die als ein Relikt aus alter Zeit zu uriger Brotzeit lädt. Alles ist hier geboten, was das Herz begehrt: eine einladende Alm samt dazugehöriger Kapelle, eine schöne Aussicht und das Gefühl, sämtliche Zeit der Welt zu haben. Und wieder fällt es schwer, sich loszureißen. Doch der Weg hinab nach Partenkirchen will schließlich noch gegangen sein. Breit angelegt, zum Teil asphaltiert, oft aussichtsreich und immer angenehm führt er zur unbedingt sehenswerten Wallfahrtskirche St. Anton und zurück zur Talstation der Wankbahn.

Auf dem Wank da ist was los: mit Bergstation, Wankhaus und zahlreichen Höhenspazierwegen.

Einkehr

■ **Wankhaus**, 1780 m, bewirtschaftet von Weihnachten bis Ostern und von Anfang Mai bis Mitte November.
■ **Esterbergalm**, 1264 m, ganzjährig bewirtschaftet.

Bild Seite 72: Das reizvolle Ensemble der Esterbergalm mit Wirtschaftsgebäude und Kapelle.

29 Eckbauer und Partnachklamm

Anfahrt

■ Auf der Garmischer Autobahn bis Eschenlohe, dann durch Garmisch-Partenkirchen Richtung Klais/Mittenwald. Vor dem Ortsende rechts zum Skistadion abbiegen. Dort Parkplatz. Falls wir mit der Bahn ankommen, vom Bahnhof zu Fuß der Partnach entlang zum Skistadion.

Höchster Punkt Eckbauer, 1237 m

■ **Zeit** Skistadion – Partnachklamm 1 Std., weiter über Vordergraseck zum Eckbauer 1.30 Std., Abstieg über Vordergraseck und Klammbrücke 1.30 Std.; insgesamt 4 Std. Falls wir für den Auf- oder Abstieg die Eckbauerbahn benützen, sparen wir 1 bis 2 Std.

■ **Schwierigkeit** Markierte und gut ausgebaute Wanderwege. Auch an Schönwettertagen empfiehlt sich für die Partnachklamm wegen des Tropfwassers ein leichter Regenumhang.

■ **Karte** Topographische Karte 1:50 000 Werdenfelser Land (LVG).

Und nach der Tour

z.B. zum Baden ins nahegelegene Kainzenbad oder zum Entspannen, Rudern und Baden zum schön gelegenen Rießersee (mit reizvoller Wettersteinkulisse). Hier wurde übrigens 1920 der SC Rießersee gegründet, der dem Eislauf und Eishockey zu einer gewissen Popularität verhalf.

Unter unseren Tagesausflügen stellt die Durchquerung der Partnachklamm sicher etwas Besonderes dar. Sie ist so ganz anders als die üblichen Gipfeltouren - fast schon ein bisschen wie eine Höhlenbefahrung mutet sie an. Anstatt von oben auf die Berge herabzuschauen, durchqueren wir ihre Tiefe, riechen das Gestein, das Moos und die Feuchtigkeit, hören das Tosen des Wassers, das nebenan durch die Enge schießt, und zucken zusammen, wenn wir einen Tropfen ins Genick bekommen. An die relativ kurze Klammdurchquerung schließt sich eine kleine Bergwanderung der klassischen Art an, die uns nicht nur wieder ans Tageslicht, sondern sogar auf ein Gipfelchen und an mehreren Gasthöfen vorbei führt.

Vom Olympischen Skistadion spazieren wir auf asphaltiertem Weg zuerst partnachaufwärts. Bald endet die Asphaltstraße, und wir wandern auf einem breiten Fußweg bis zum eigentlichen Klammeingang. Schon sind die Talwände viel enger aneinandergerückt. Nachdem wir

unseren Eintrittsobolus entrichtet haben, dürfen wir uns in die Enge der Klamm zwängen. Der Weg ist in die Felswände gehauen; nur zwei, drei Personen haben nebeneinander Platz und die Tunneldurchschlüpfe sind noch enger. Der »Gegenverkehr« kommt gerade noch vorbei. Von oben tropft und rieselt das Wasser herab. Zwanzig, dreißig Meter oberhalb sehen wir die Bäume und den Himmel durchschimmern. Der Weg ist auf ganzer Länge mit einem Geländer gesichert. Wir können uns genug Zeit zum Schauen und zum Fotografieren nehmen, denn die Klamm ist nicht sehr lang. In einer halben Stunde haben wir sie leicht durchwandert. Am Südende treten wir am Zusammenfluss der Partnach und des Ferchenbaches wieder in die Sonne hinaus. Hier beginnt der »normale« Teil unserer Wanderung, der uns über das Vordergraseck zum Aussichtspunkt Eckbauer führt. Von hier können wir, direkt zum Skistadion hinunterwandern, oder wir können den längeren Weg über das Dörfchen Wamberg mit seinem hübschen Kircherl nehmen - oder natürlich mit der Seilbahn talwärts schweben. Wie immer: Planen wir keine Rückkehr durch die Klamm, so sollten wir uns einen Abstecher vom Vordergraseck zur Klammbrücke nicht entgehen lassen. Vom Hof steigen wir in einer Viertelstunde zur Brücke hinab, die die Klamm überspannt. Respektvoll schauen wir in die Tiefe und sehen die Menschlein im Dämmerlicht auf dem Weg, den wir vor kurzem selbst gegangen sind.

Blick über das Vordergraseck und das Loisachtal auf den Kramer.

Einkehr

- **Berggasthaus Eckbaueralm**, Gasthöfe am Vordergraseck (alle nahezu ganzjährig geöffnet).
- **Gasthaus** in Wamberg.

Bild Seite 74: Die Partnachklamm ist bis auf wenige Monate das ganze Jahr über begehbar. Ihre Durchwanderung gehört zu den spektakulärsten Unternehmungen rund um Garmisch-Partenkirchen.

30 Kreuzeck und Höllentalklamm

Anfahrt

■ Auf der Autobahn von München nach Garmisch-Partenkirchen, dort Ausschilderung zur Kreuzeckbahn. Großparkplatz an der Talstation.

Höchster Punkt Hupfleitenjoch, 1754 m

■ **Zeit** Vom Kreuzeck zur Höllentalangerhütte 2 Std. Durch die Höllentalklamm nach Hammersbach 1.30 Std., zum Parkplatz 30 Min.; insgesamt: etwa 4 Std.
■ **Schwierigkeit** Bis zum Hupfleitenjoch unschwierig, aber der Abstieg ins Höllental erfordert Trittsicherheit und Schwindelfreiheit. Der Weg durch die Klamm ist stellenweise feucht und finster. Taschenlampe und Regenumhang mitnehmen!
■ **Karte** Topographische Karte 1:50 000 Werdenfelser Land (LVG).

Das Wettersteingebirge ist ein wildes Gebirge mit dominanten Felsbergen, langen gezackten Graten, einem Gletscher in der Nordflanke der Zugspitze und vielen Anstiegen, die jedes Bergsteigerherz höher schlagen lassen. So soll deshalb auch für diesen Tagesausflug ins Werdenfelser Land ein »wilder« Weg vorgestellt sein, eine Tour mit atemberaubenden Ausblicken und unvergesslichen Eindrücken.

Zunächst freilich geht alles ganz gemütlich los. In Garmisch-Partenkirchen setzt man sich in die Gondelbahn und fährt hinauf zum Kreuzeck. Vor dem großartigen Zugspitzpanorama schlendert man nun eine knappe Stunde hinüber zum Hupfleitenjoch, mit einem viertelstündigen Umweg zum 1818 Meter hohen Schwarzenkopf. Denn von hier hat man einen großartigen Blick ins Höllental, zu den Waxensteinen, die sich vis-à-vis erheben, und natürlich zur Zugspitze, mit knapp dreitausend Metern Deutschlands höchstem Berg. Vom Hupfleitenjoch geht es in vielen, teilweise drahtseilgesicherten Serpentinen hinab ins Höllental. Nach einer halben Stunde sind die Knappenhäuser erreicht, und man wird bedauern, dass man an dieser ehemals privat

Und nach der Tour

Wie wär's mit einer Abkühlung im Rießersee? Dort gibt es ein Strandbad mit Bootsverleih und eine Sonnenterrasse direkt am See.

Bild Seite 77: Die Höllentalangerhütte ist erreicht. Hier starten die Zugspitzbegeher ihre lange Route zum Gipfel; wir jedoch steigen von hier durch die reizvolle Höllentalklamm ab nach Hammersbach.

bewirtschafteten Hütte vorbeiwandern muss: Allzu verlockend wär's, in solch großartiger Landschaft ein Stündlein zu sitzen. Wie dem auch sei: Der hier vorgeschlagene Weg führt weiter bergab, erreicht nach nochmals einer halben Stunde die Höllentalangerhütte, letzte Station vor einem furiosen Schluss. Man wandert talaus, erreicht die in den Fels gesprengten Tunnel und wandert nun durch die wildromantische Höllentalklamm hinaus nach Hammersbach.

Einkehr

■ Das **Kreuzeckhaus** ist ganzjährig bewirtschaftet.
■ **Höllentalangerhütte** und
■ **Höllentaleingangshütte**.

31 Rund um den Eibsee

Anfahrt

■ Auf der Autobahn München - Garmisch bis Farchant; dort rechts ab Richtung Ehrwald/Reutte. Garmisch wird passiert, und bald nach dem Ortsende zweigt bei Breitenau eine Straße nach Grainau und Eibsee ab. Hier gibt es einen gebührenpflichtigen Parkplatz.

Höchster Punkt Bei etwa 1020 m Höhe

■ **Zeit** Für die Umrundung des Eibsees ist mit einer Gesamtgehzeit von 1.30 Std. zu rechnen.
■ **Schwierigkeit** Spazierwegcharakter, dennoch sollte man diese Tour durchaus mit festem Schuhwerk begehen.

■ **Karte** Topographische Karte 1:50 000 Werdenfelser Land (LVG). Diese Karte ist die genaueste; für die beschriebene Wanderung ist eine Karte jedoch nicht unbedingt erforderlich.

Der Eibsee und die Zugspitze – die gehören zusammen, werden oft im selben Atemzug genannt und verwundern kann das nicht. Unmittelbar über dem See baut sich die 2000 Meter hohe Felsflanke der Zugspitze auf. Wer zum Gipfel hinauf will, besteigt am Eibsee die Gondelbahn oder wartet am kleinen Bahnhof, auf dass ihn die Zahnradbahn mit hinaufnehme auf fast 3000 Meter. Aber was wären die Berge ohne die Täler. Deshalb hier ein beschaulicher Spaziergang.
Ausgangspunkt ist die Hotelsiedlung Eibsee unweit von Grainau. Es ist also keine Tour, für die man allzu viel Zeit braucht. Lediglich ein Spaziergang, den man so weit wie möglich ausdehnen sollte. Zunächst hält man sich auf schmaler Straße südwestwärts, schlendert

Und nach der Tour

Baden im Eibsee! Und wer's lieber kulturell haben möchte, der sollte beim Heimweg in Garmisch haltmachen. Sehenswert sind Alte und Neue Pfarrkirche St. Martin. Eindrucksvoll zudem ein Bummel durch die Sonnenstraße unweit der neuen Kirche; prächtige Werdenfelser Hausfassaden geben ein Bild davon, wie dieser Alpenort in früherer Zeit ausgesehen hat. Einen guten Einblick gibt auch das Heimatmuseum.

Im Eibsee spiegeln sich die steilen Felswände der Zugspitze. Rund um den See gibt es jede Menge Abwechslung.

am Frillensee und am Freibad vorbei und erreicht dann einen angenehm angelegten Fußweg. Am Südwestrand des Eibsees durchzieht der Weg das am stärksten alpine Gelände dieses Spaziergangs: Steil brechen die Bergflanken zum See hinab, der höchste Punkt der Wanderung, 1020 m, wird überschritten. Doch dieser alpine Charakter verliert sich mit Erreichen des westlichsten Uferabschnitts. Beschaulicher, dabei jedoch abwechslungsreich und anregend führt der Weg dann am Nordufer durch bizarr strukturiertes Gelände – ein prähistorischer Bergsturz hat die Landschaft eindrucksvoll gegliedert. Die Blicke zum imposanten Zugspitzmassiv sind beeindruckend, reizvoll die sieben kleinen Inseln, die, dem Ufer vorgelagert, das Landschaftsbild des Eibsees prägen. Zuletzt wird eine Bucht auf langem Steg überquert, der Ausgangspunkt Eibsee erreicht.

Der durch einen prähistorischen Felssturz entstandene Eibsee kann auf einer schönen Weganlage umrundet werden.

Einkehr

- **Eibseehotel** und **Eibseealm** am Ausgangspunkt (beide ganzjährig bewirtschaftet).
- Unterwegs schöne **Picknickplätze**, daher Verpflegung aus dem Rucksack empfehlenswert.

32 Coburger Hütte und Drachensee

Anfahrt

■ Richtung Garmisch, dann über den ehemaligen Grenzübergang Griesen nach Ehrwald; in Ortsmitte links Richtung Ehrwalder-Alm-Bahn. Dort großer Parkplatz.

Höchster Punkt Coburger Hütte, 1917 m

■ **Zeit** Von der Ehrwalder Alm zur Coburger Hütte 2.30 Std., Rückweg 2 Std.; insgesamt: 4.30 Std.
■ **Schwierigkeit** Bis zum Seebensee bequeme Almstraße, dann guter Bergsteig. Der »Hohe Gang« erfordert Trittsicherheit.
■ **Karte** Topographische Karte 1:50 000 Werdenfelser Land (LVG).

Und nach der Tour

Ins Freibad in Ehrwald, das sich am nordöstlichen Ortsrand befindet.

Bild Seite 81: Die Coburger Hütte über dem Drachensee mit dem Schartenkopf.

Was will ein Bergwanderer mehr: eine gemütliche Hütte, einen blauen Bergsee, ein herrliches Panorama, Wald und Almwiesen und gute Wege: All das bietet die Tour zur Coburger Hütte in den Mieminger Bergen. Etwas im Schatten der mächtigen Zugspitze gelegen kann sie zwar nicht den Zulauf erwarten, der den Hütten des Wettersteins zuteil wird. Doch wer einmal zu ihr gefunden hat, wird wiederkommen.

Die Ehrwalder-Alm-Bahn verhilft uns zu einer guten Möglichkeit, erst einmal Höhe zu gewinnen (auf 1500 Meter). Dort wandern wir über Almwiesen talein und halten dann auf den rechts vor uns liegenden Bergrücken zu. Ein bequemer Almfahrweg bringt uns in mäßiger Steigung durch Wald zur bewirtschafteten Seebenalm und hinauf zum nahegelegenen Seebensee. Dort halten wir inne und genießen den prächtigen Panoramablick auf die mächtigen Südabstürze des

Die steil aufragende Ehrwalder Sonnenspitze gehört zu den eindrucksvollsten Gipfeln in den Mieminger Bergen.

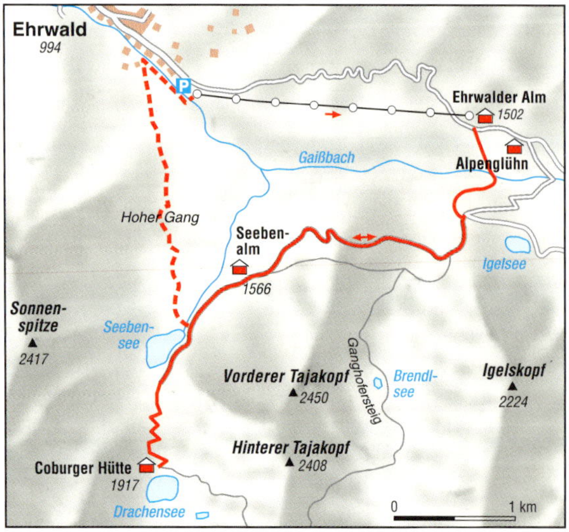

Wettersteingebirges. Links am See vorbei und auf dem nun schmalen Bergsteig steil hinauf durch einen latschenbestandenen Hang zur Coburger Hütte über dem Drachensee. Abstieg wie Anstiegsweg. Falls wir trittsicher sind, versuchen wir uns in einer Variante und steigen nach dem Seebensee linker Hand kurz bergan und folgen dem Hohen Gang (einige Seilsicherungen) direkt hinab nach Ehrwald.

Einkehr

- **Gasthäuser** auf der Ehrwalder Alm,
- **Seebenalm** und
- **Coburger Hütte** (von Juni bis Anfang Oktober bewirtschaftet).

Ammergauer Alpen

33 Aufs Ettaler Manndl

Anfahrt

■ Auf der Autobahn München–Garmisch bis Oberau; dort rechts nach Ettal und weiter nach Oberammergau. Parkplatz an der Bergstation der Laberbahn im Ortsteil St. Gregor. Oberammergau kann auch bequem mit der Bahn erreicht werden; vom Bahnhof ist es allerdings noch ein Stück zu Fuß zur Talstation der Bergbahn.

Höchster Punkt Laber, 1690 m

■ **Zeit** Ohne Bahnbenutzung von Oberammergau bis zum Laber-Gipfel etwa 2.30 Std. Bis zum Manndl-Gipfel 1 Std. Für den Abstieg über den Soilesee 2 Std. bzw. 1.30 Std., für die Variante; insgesamt: 5.30 Std.
Schwierigkeit Bis zum Gipfelaufschwung ist die Wanderung leicht; der Gipfelanstieg selbst ist durch eine Eisenkette durchgehend gesichert, dabei aber sehr ausgesetzt. Dies erfordert Erfahrung im felsigen Gelände und sorgfältiges Gehen. Kinder sollten in jedem Fall mittels Seil gesichert werden.
Karte Topographische Karte 1:50 000 Werdenfelser Land (LVG).

Fährt man auf der Autobahn von München in Richtung Garmisch, dann grüßt keck das Ettaler Manndl. Ein Wahrzeichen vorgebirgiger Landschaft. Als nordöstlicher Eckpunkt der Ammergauer Alpen erhebt sich das Manndl zudem über kulturträchtigen Orten: im Süden die berühmte Benediktinerabtei Ettal, im Westen der Passionsspielort Oberammergau. Aber keine Sorge – ein Kreuzweg ist die Wanderung nicht. Vielmehr das reinste Vergnügen für die, die auch am steilen, felsigen Gipfelaufschwung trittsicher sind.

In St. Gregor, dem östlichen Ortsteil Oberammergaus, nimmt der Ausflug seinen Anfang. Mit der Laberbahn kommt man rasch in die stattliche Höhe von 1690 Metern. Bei Bergstation und Gasthaus zweigt ein Weg nach Osten ab; in einer halben Stunde sind die Sicherungen am felsigen Gipfelaufschwung des Ettaler Manndls erreicht. Ist die derart zu überwindende Höhe auch gering, so ist doch mit

Vorangehende Doppelseite: St. Kolomann im Königswinkel; über Schloss Neuschwanstein erhebt sich der Säuling mit seinen steilen Flanken.

Am Übergang von der Laber-Bergstation zum Ettaler Manndl.

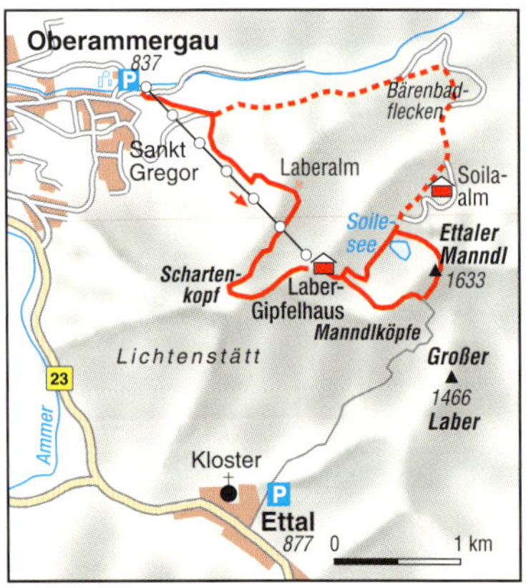

Einkehr

- Im **Laber-Gipfelhaus** bei der Seilbahnbergstation mit großer Aussichtsterrasse.
- **Soila-Alm** (im Sommer einfach bewirtschaftet).

Und nach der Tour

Da steht natürlich die Besichtigung der nahen Ettaler Klosterkirche auf dem Programm. Des weiteren bietet sich ein Bummel in Oberammergau an: Sehenswerte Lüftlmalereien (der berühmte Lüftlmaler Franz Zwinck lebte einst in Oberammergau), zum Teil sehenswerte Schnitzereien in den zahlreichen Kunstgewerbeläden. Passionsspielhaus, Wellenbad mit Freibad und Liegewiese.

größter Achtsamkeit zu kraxeln: Wer hier nicht schwindelfrei, nicht trittsicher ist, der sollte auf den Gipfelanstieg besser verzichten. Beim Einstieg des Klettersteigs geht man auf dem Normalweg in nordwestlicher Richtung weiter, steigt hinab zum kleinen Soilesee, der reizvoll unter der Nordwestflanke des Manndls liegt. Vom See führt dann ein Steig wieder hinauf Richtung Laber, wo man vor der Entscheidung steht, ob man auf gutem Steig hinabläuft nach Oberammergau oder ob man einmal mehr die Seilbahn nimmt. Zu empfehlen ist eine weitere Wandervariante: Vom Soilesee nordseitig auf breitem Weg – vorbei an der Soila-Alm – in die Senke, die das Manndl vom Aufacker trennt, und hier westlich hinaus nach St. Gregor.

Bild oben: Eine markante Felsgestalt auf dem Laberberg erweckt unser Interesse.

34 Auf die Pürschlinghäuser

Anfahrt

■ Auf der Garmischer Autobahn bis Oberau, dort rechts Abzweigung nach Ettal und Oberammergau. Parkplatz bei der Talstation des Kolbensattellifts.

Höchster Punkt Pürschlinghäuser, 1566 m

■ **Zeit** Der Aufstieg von Oberammergau zu den Pürschlinghäusern erfordert 2.30 Std.; der Abstieg auf demselben Weg etwa 1.30 Std.; insgesamt: 4 Std.

Schwierigkeit Bei Nässe ist der Kofelsteig unangenehm.

Karte Topographische Karte 1:50 000 Pfaffenwinkel – Staffelsee und Umgebung (LVG).

Südwestlich von Oberammergau erstreckt sich ein Höhenzug, der mit dem felsigen Hausberg, dem Kofel, beginnt und in der doppelgipfeligen Klammspitze zu enden scheint. Dieser Bergzug, der als letztes, ernstzunehmendes Bollwerk die Ammergauer Alpen nach Norden hin abschließt, ist allemal einen Ausflug wert. Und dass es nicht immer ein Gipfel sein muss, der am Ende eines Aufstiegs steht, lässt sich anhand der Wanderung zu den Pürschlinghäusern aufs Beste zeigen. Eine Wanderung mit Einkehr, eine Hütte mit Aussicht – von Oberammergau zu den Pürschlinghäusern.

Bei der Talstation des Kolbensattellifts lässt sich, so man nicht ohnehin mit der Bahn gekommen ist, das Auto parken. Und hier beginnt auch die Wanderung. Ein gut angelegter, stellenweise mit Stufen versehener Wanderweg führt an einem Bach entlang talein. Bald nimmt die Steigung zu, der Weg windet sich in mehreren Serpentinen durch Mischwald bergan. Schließlich begleitet er rechter Hand die Schlucht, in der die vom Brunnberg herabziehenden Bachläufe rauschen.

Und nach der Tour

Ein Bummel durch den Passionsspielort. Sehenswert die Barockkirche St. Peter und Paul sowie die Lüftlmalereien an vielen alten Häusern.

Bild Seite 87: Die ehemaligen königlichen Jagdhäuser am Pürschling sind beliebte Ganzjahresziele.

Die Pürschlinghäuser liegen auf einem Gratausläufer, bieten aber trotzdem einen windfreien Logenplatz.

Bei einer Weggabelung hält man sich rechts. Von links mündet der Weg vom Kofel ein; geradeaus weiterzugehen hieße, sich auf einen anspruchsvollen und oftmals sehr ausgesetzten Bergsteig einzulassen, der zwar auch zu den Pürschlinghäusern führt, so manchem aber nicht ganz geheuer wäre. Als Weg Nr. 233 führt unser Steig nun langsam ansteigend zur Kolbensattelhütte (bei der Bergstation des Sessellifts) und weiter auf dem bei Nässe unangenehmen Kofelsteig bis dorthin, wo die von

Unterammergau heraufziehende Forststraße einmündet. Das letzte Stück zu den Pürschlinghäusern ist steil und weniger erfreulich; doch es entschädigen bald eine ausgiebige Hüttenrast und eine ergiebige Rundsicht. Für den Abstieg wählt man dann denselben Weg; vielleicht nutzt man dabei gerne den Sessellift, um ein wenig Kraft zu sparen. Wer hingegen über ordentliche Bergerfahrung verfügt, der kann auch den Sonnenberggrat überschreiten. Wenig unterhalb der Hütte zweigt rechts ein kleiner Steig von der Forststraße ab. Dieser Steig durchzieht steile Hänge, erlaubt einen etwas lehmigen Gipfelanstieg am Sonnenberg, 1622 m, erreicht die Felszacken, die »am Zahn« bezeichnet werden, bevor er in Kehren hinunterführt zum breiten Wanderweg nach Oberammergau.

Einkehr

- **Kolbensattelhütte**, 1276 m, und
- **Pürschlinghäuser** (August-Schuster-Haus), 1566 m, sind jeweils ganzjährig bewirtschaftet.
- **Kolbenalm**.

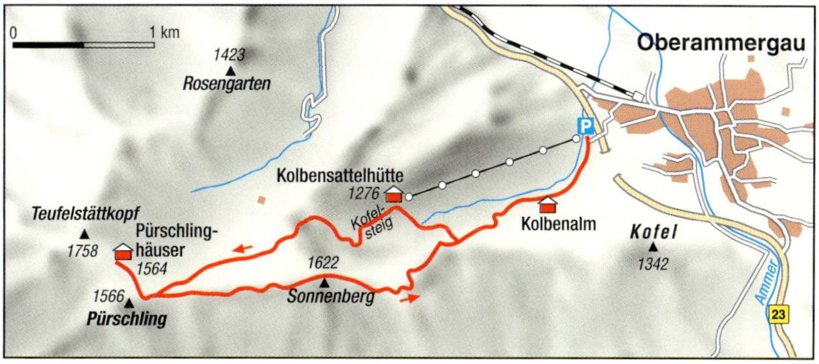

35 Zu den Brunnenkopfhäusern

Anfahrt

■ Auf der Autobahn München - Garmisch bis Oberau; dort Abzweigung nach Ettal. Gleich hinter Ettal links nach Graswang und Linderhof. Gebührenpflichtiger Parkplatz beim Schloss.

Höchster Punkt Brunnenkopfhäuser, 1602 m

■ **Zeit** Aufstieg vom Schloss zu den Brunnenkopfhäusern 2 Std. Höhenweg zu den Pürschlinghäusern 2.30 Std. Abstieg nach Linderhof 1.30 Std.; insgesamt: 6 Std.
■ **Schwierigkeit** Leichter Wanderweg bis zu den Brunnenkopfhäusern; Übergang zu den Pürschlinghäusern teilweise steil. Trittsicherheit erforderlich.
■ **Karte** Topographische Karte 1:50 000 Werdenfelser Land (LVG).

Eine wahrhaft königliche Wanderung steht nun auf dem Programm, eine, die abgesehen von einem Gipfel alles zu bieten hat, was der Bergwanderer sich wünschen kann. Zuerst einen gemütlichen Anstieg auf geschichtsträchtigem Weg, sodann ausgiebige Rast bei den Brunnenkopfhäusern, als nächstes den prächtigen Höhenweg zu den Pürschlinghäusern und dann, nach dem Abstieg, das Linderhofer Königsschloss als kulturelles Sahnehäubchen.

Gleich beim Schloss Linderhof, das als ein kleines, verwunschenes Versailles wie unwirklich im Graswangtal liegt, gleich bei der Venusgrotte, dem Maurischen Kiosk, dem sonnenköniglichen Wasserspiel beginnt die Wanderung zu den Brunnenkopfhäusern. Ein breiter Weg, der zunächst meist durch waldreiches Gebiet führt, vermittelt den Anstieg (markiert 231). Immer leiser wird der Verkehrslärm, der heraufdringt von der Straße, die Oberammergau mit Reutte verbindet, immer mehr wird der Alltag vom Wald verschluckt.

Der Weg ist über weite Strecken unspektakulär, ein stiller Wanderweg. Vielleicht mag aber auch dieser Weg dazu anregen, daheim mal über Bayerns König Ludwig II. nachzulesen, zu suchen nach dem wahren Monarchen, der im Gespinst der Legendenbildung ja längst nicht mehr auszumachen ist. Auf diesem alten Jagdweg ritt und ging schon Ludwig II., denn einst waren die Brunnenkopfhäuser königliche Jagdhäuser. (Herrgott, war da noch eine Einsamkeit in den Ammergauern. Und überall im Gebirge.) Spektakulärer wird es erst in Hüttennähe, wenn man aus dem Wald tritt, freien Blick hat zur doppelgipfeligen Klammspitze, die alle Bergnachbarn deutlich überragt, und wenn sich die übrige Vielgestalt der Ammergauer Berge vor einem

Und nach der Tour

Besichtigung des Schlosses Linderhof mit Grotte und Maurischem Kiosk. Wasserspiele von 9 bis 17 Uhr zu jeder vollen Stunde. Besichtigung nur mit Führung möglich.

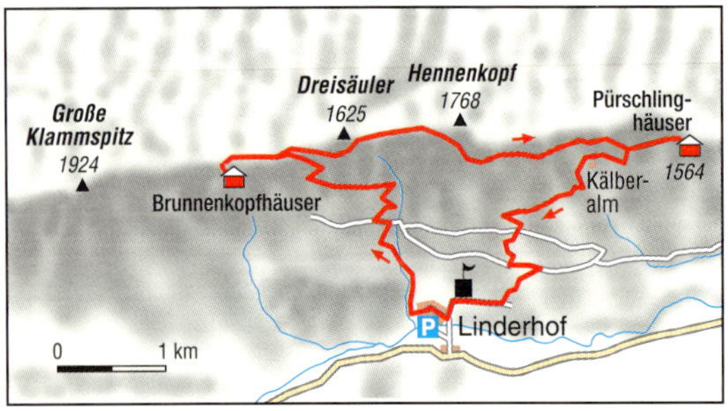

Einkehr

- **Brunnenkopfhäuser**, von Anfang Mai bis Mitte Oktober bewirtschaftet.
- **Pürschlinghäuser**, 1564 m, ganzjährig bewirtschaftet, im November geschlossen.

Beide sind Alpenvereinshütten; dort kann auch übernachtet werden.

Schloss Linderhof im Graswangtal gehört zu den etwas bescheideneren Anlagen des Märchenkönigs.

auftut. Nach etwa zwei Stunden Gehzeit sind die Brunnenkopfhäuser erreicht, große Rast ist angesagt.

Dann folgt der eigentliche Höhepunkt des Tages: die Wanderung zu den Pürschlinghäusern auf einem Panoramaweg, der seinesgleichen sucht. Bei stets unverstellter Aussicht nach Süden, namentlich ins Wettersteingebirge mit dem alles dominierenden Zugspitzmassiv, schlendert man zwei Stunden lang auf diesem Bergpfad, der die lobende Bezeichnung »Höhenweg« wirklich verdient. Kurz vor Erreichen der Pürschlinghäuser zweigt rechts der Abstiegsweg ab. Er führt steil hinunter zur Kälberalm und durch den Linderwald zum königlichen Schloss, das bis 17.30 Uhr geöffnet ist.

Auch die Brunnenkopfhäuser waren früher königliche Jagdhäuser.

36 Am Tegelberg

Anfahrt

■ Von München über Weilheim bis kurz vor Schwangau; dort nach Hohenschwangau abbiegen und 1,5 km vor Ortsbeginn zur Talstation der Tegelbergbahn. Dort Parkplatz.

Höchster Punkt Tegelberghaus, 1707 m

■ **Zeit** Auffahrt zum Tegelberg mit der Bahn (zu Fuß 3.30 Std.); Abstieg entweder über die Marienbrücke oder die Drehhütte jeweils 3 Std.; insgesamt: 3 bis 6.30 Std. (mit bzw. ohne Bergbahnbenützung).
■ **Schwierigkeit** Bergwanderwege.
■ **Karte** Topographische Karte 1:50 000 Füssen und Umgebung (LVG).

Den Tegelberg kennt jeder – als den Hausberg von Neuschwanstein und den bayerischen Flugberg par excellence. Zugegeben, ein Ziel für Einsamkeitssucher ist er nicht. Dafür bürgt schon die Tegelbergbahn. Für den Abstieg bieten sich dann zwei reizvolle Wege an.

Von der Bergstation der Tegelbergbahn steigen wir zuerst die wenigen Meter zum Tegelberghaus ab, wo wir erst mal den besonders schönen Ausblick genießen. Doch dann müssen wir uns für einen der beiden Abstiegswege entscheiden: a) Über die Marienbrücke: Vom Haus hinab zum Sattel oberhalb des sogenannten »Grübles«, dann links, stets Richtung Westen, über den langen Westrücken des Tegelbergs durch Wald und an zahlreichen Felsgebilden vorbei hinab ins Pöllat-

Das Tegelberghaus bei der Bergstation der Tegelbergbahn bietet ganzjährig Einkehr und Unterkunft. Von hier aus lassen sich schöne Wanderungen ins Ammergebirge durchführen.

Einkehr

■ **Tegelberghaus** und ■ **Drehhütte** sind ganzjährig bewirtschaftet. Im Tegelberghaus kann auch übernachtet werden.

Und nach der Tour

Ein Besuch von Schloss Neuschwanstein. Im Sommer muss allerdings mit stundenlangen Wartezeiten gerechnet werden.

Die kleine Terrasse und der Kiosk am Tegelberghaus.

tal. Als eindrucksvolles Finale erwartet uns dann noch die Begehung der Pöllatschlucht, die hinter dem Schloss Neuschwanstein in die Ebene hinausführt.

b) Über die Drehhütte: Vom Tegelberghaus zuerst hinab ins Grüble, dann z.T. auf der Skipiste und weiter über den bewaldeten Nordostrücken des Tegelbergs hinunter zur Drehhütte. Dort beginnt ein Fahrweg, der uns zurück zur Talstation der Tegelbergbahn bringt.

Für den Abstieg ins Tal bieten sich von der Bergstation mehrere Möglichkeiten an.

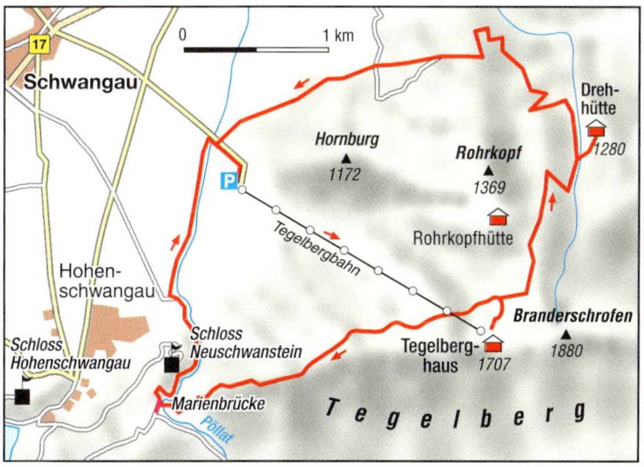

37 Über die Pöllatschlucht zum Alpsee

Anfahrt

- Mit dem Auto von München über Starnberg, Weilheim, Peiting nach Schwangau (kurz vor Füssen). In Schwangau Abzweigung nach Hohenschwangau, wo Parkplätze ausgeschildert sind.

Höchster Punkt Marienbrücke, 984 m

- **Zeit** Von Hohenschwangau zum Schloss Neuschwanstein wandert man 30 Min.; vom Schloss aus benötigt man für die Umrundung des Alpsees etwa 2.30 Std.; insgesamt: etwa 3 Std. für die gesamte Tour.
- **Schwierigkeit** Leichte Wanderung auf stets guten Wegen.
- **Karte** Topographische Karte 1:50 000 Füssen und Umgebung (LVG).

Weltberühmt ist des Märchenkönigs Schloss Neuschwanstein, das sich, einer Wagner-Opernkulisse gleich, am Nordwesteck der Ammergauer Alpen über dem Alpenvorland erhebt. Die hier vorgestellte Wanderung führt zum Schloss, macht einen Abstecher in die Pöllatschlucht und führt dann weiter zum Alpsee und endet schließlich beim Schloss Hohenschwangau. Eine nicht sehr lange Wanderung, aber ein ausgefüllter Tag mit Natur und Kultur.

Am Fuß des Berges, bei den Parkplätzen, beginnt unsere kulturträchtige Tour. Man folgt zunächst den Beschilderungen zum Schloss. Nach einer halben Wegstunde ist der Schlosshof erreicht; wer das überaus sehenswerte Neuschwanstein noch nicht kennt, sollte sich einer der Führungen unbedingt anschließen, vielleicht wird er dann wie so viele dem Mythos Ludwig erliegen. Was wünschte doch der Märchenkönig? »Dass Neuschwanstein ›im echten Styl der alten deutschen Ritterburgen‹ erbaut sei und ›Reminiscenzen an Tannhäuser und Lohengrin‹ in Architektur und Ausstattung enthalten seien.« Über den Platz, an dem das Schloss von 1886 bis 1892 erbaut wurde, schrieb

Der Weg durch die Pöllatschlucht führt zum Teil über kunstvoll angelegte Steige.

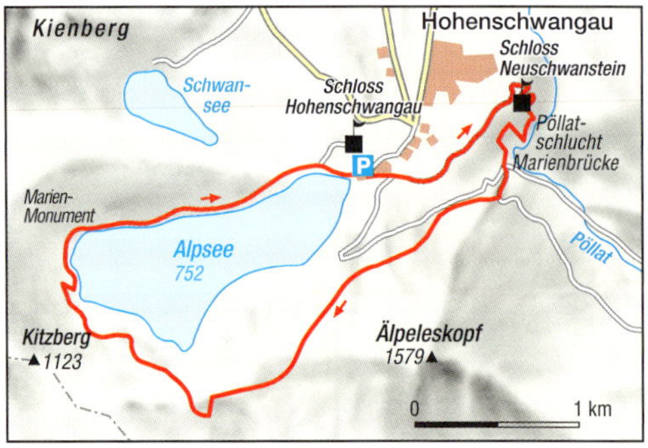

Ludwig II. an Richard Wagner: »Dieser Punkt ist einer der schönsten, die zu finden sind, heilig und unnahbar, ein würdiger Tempel für den göttlichen Freund.« Spürt man noch, was der König auf Neuschwanstein zu spüren glaubte? Spürt man bei einer solchen Wanderung, dass die Götter hier weilen, »bei uns auf steiler Höh', unweit von Himmelsluft«?

Nach der Besichtigung geht man in südlicher Richtung zur eindrucksvoll über der Schlucht gebauten Marienbrücke und knipst das obligatorische Erinnerungsfoto. Hier kann man dann auch ohne Probleme direkt in die Schlucht hinabsteigen und den 50 Meter hohen Wasserfall bewundern. Anschließend geht man dann weiter südwärts auf der Forststraße, die Richtung Fritz-Putz-Hütte und Säuling führt. Nach wenigen Gehminuten zweigt links der mit Nr. 39 markierte Obere Winterzugweg ab. Nun folgt man immer diesem aussichtsreichen Wanderweg, schlendert hoch überm Alpsee dahin, bis man unweit von dessen Westufer auf den Rundwanderweg Allgäu–Tirol trifft, manchem bereits als Fürstenweg bekannt. Diesem Weg folgt man nun ostwärts, geht entlang dem Nordufer des Sees und genießt die Ausblicke auf den Ammergauer Säuling und das Schloss Hohenschwangau, eine Sommerresidenz von Kronprinz Maximilian II., erbaut im 19. Jahrhundert auf den Grundmauern einer mittelalterlichen Burg. Was bleibt am Ende dieser Wanderung, ist die schwer zu beantwortende Frage: Soll man den Ausflug kulturell, also mit einem Besuch des Schlosses Hohenschwangau, oder müßiggängerisch, z. B. mit einem Bad im Alpsee oder im Forggensee, ausklingen lassen?

Schloss Hohenschwangau wurde im 19. Jahrhundert im neugotischen Stil auf den Ruinen der alten Burg errichtet.

Einkehr

- **Schlosswirtschaft Neuschwanstein** (ganzjährig bewirtschaftet).
- Ansonsten mehrere Gaststätten in Hohenschwangau.

Und nach der Tour

Ein Abstecher in die Altstadt des nahen Füssen könnte diesen geschichts- und kulturträchtigen Wandertag angemessen beschließen. Bademöglichkeiten am Alpsee, am Schwansee und am Forggensee.

Abwinkl 44
Achberg 12
Achenpass 40
Alte Pfarrkiche St. Martin 78
Alpamare 52
Alpsee 92, 93
Alpspitze 72
Alte Mulistation 55
Ammergauer Alpen 82
Antoniuskapelle 20
Anton-Karg-Haus 21
Antretteralm 31
Astenhöfe 26
Aueralm 42, 43
Aufacker 85

Bad Feilnbach 30
Bad Tölz 56
Bad Wiessee 42, 44
Bauer in der Au 45
Bayernhütte 55
Bayrischzell 28
Berggasthof Schwarzentennalm 45
Berggasthof Staffn-Alm 11
Berggasthof Wuhrsteinalm 14
Blaubergkamm 40
Blockhütte 57
Blomberg 56
Blombergbahn 56
Blomberghaus 56, 57
Brannenburg 26, 27, 32
Brauneck 54
Brauneckhaus 55
Brunnberg 86
Brunnenkopfhäuser 88, 89
Brünnstein 28
Buchstein 42, 45, 46

Chiemgauer Hochplatte 10
Chiemsee 10
Coburger Hütte 80, 81

Degerndorf 26
Denkalm 50, 51
Donaueralm 12
Dr.-Julius-Mayr-Weg 29
Drachensee 80
Drehhütte 91

Eckbauer 74
Ehrwald 80
Ehrwalder Alm 80
Eibsee 78
Eibseealm 79
Eibseehotel 79
Erl 16
Esterbergalm 72, 73
Ettal 88
Ettaler Klosterkirche 85
Ettaler Manndl 84
Ettenhausen 14

Ferchenbach 75
Fischbachau 28
Florianshütte 55
Fockenstein 42
Forggensee 93
Freilichtmuseum Glentleiten 62
Friedenrath 10
Füssen 93

Garmisch-Partenkirchen 68
Gasthaus Schneeberg 23
Gasthaus St. Anton 71
Gasthaus Taubensee 12, 13
Gaststätte Altes Bad 41
Geigelstein 14
Gindelalm 37
Grainau 78
Grasleitenkopf 53
Grassauer Haus 10
Graswang 88
Grüble 91
Guffert 23

Haberspitz 10
Halten 20
Hammerbach 16
Hechleitenalm 20
Heiglkopf 57
Heimgarten 62
Herzogstand 58, 62
Hinterbärenbad 20
Hinteres Sonnwendjoch 23
Hinterriß 66
Hinterthiersee 23
Hirschberg 42, 44
Hirschtalsattel 43, 52
Hochplatte 10

Hohe Asten 26, 27
Hohenaschau 8
Hohenburg 52
Hohenschwangau 90, 92
Hoher Gang 81
Höhlensteinhaus 23
Höllental 76
Höllentalangerhütte 77
Höllentalklamm 76
Hupfleitenjoch 76

Jachenau 59
Jausenstation Hinterkaiser 21
Jausenstation Kalaalm 23
Jenbachtal 30
Jochberg 58, 60, 62
Jocheralm 60

Kaisersäle 9
Kaisertalrunde 20
Kälberalm 89
Kampenwand 8
Karwendelspitze, Östliche 66
Kesselberg 60
Klammspitze 86, 89
Klausen 16, 17
Klausenhütte 16
Kofel 86
Kolbenalm 87
Kolbensattelhütte 87
Kotalm 55
Kotlache 56
Kranzberg 70
Kreuzeck 76
Kufstein 20
Kufsteiner Haus 22, 23
Kuhkopf 67

Laberbahn 84
Laber-Gipfelhaus 85
Lackenkarkopf 67
Lautersee 70
Lämpersberg 34
Lenggries 50, 54
Lenggrieser Hütte 52, 53
Leonhardstein 44, 45, 46
Linderwald 89
Linderhof 88
Luckengrabenalm 45
Luegsteinsee 28

Marienbrücke 90, 92
Marquartstein 11
Mettenham 12
Mittagkopf 23
Mittenwald 70
Mitterberg 31
Münchner Haus 8, 9

Neubeuern 16
Neuhüttenalm 43
Neuhütteneck 43
Neureut 36
Niedernfels-Marquartstein 11
Niggeln 58

Oberammergau 84, 86, 87
Oberaudorf 28
Osterhofen 33

Partnach 75
Partnachklamm 74
Pendling 22
Petersbergl 26
Pfandlhof 20
Piesenhauser Hochalm 10, 11
Pöllatschlucht 91, 92
Priener Hütte 14
Prientalmuseum 8
Pürschlinghäuser 86, 87, 89

Quellenwirt 57
Quengeralm 54, 55

Rabenkopf 62
Rampoldplatte 30
Rauhe Nadel 13
Reineck 58
Reit im Winkl 12
Rießersee 76
Rontalalm 66, 67
Rontal-Tortal-Runde 66
Rontalweg 66
Rosengasse 29
Roßstein 42, 45, 46
Rottachalm 39
Rottach-Egern 39
Rotwand 34
Rotwandhaus 35

Säuling 93

Schildenstein 41
Schleching 12
Schliersee 35
Schlierseer Berge 24
Schloss Hohenaschau 8
Schloss Hohenschwangau 92
Schloss Linderhof 88
Schloss Neuschwanstein 91, 92
Schloßalm 31
Schlosswirtschaft Neuschwanstein 93
Schuhbräualm 30, 31
Schwangau 92
Schwarzenkopf 76
Schwarzentennalmen 44
Seebenalm 81
Seebensee 80
Seekarkreuz 52
Seelacher Alm 29
Siebenhütten 40
Siebenhüttenalm 41
Soilesee 85
Söllbachklause 43
Söllbachtal 42
Sonnbergalm-Niederleger 46
Sonneck 20
Sonnenberg 87
Sonnenberggrat 87
Sparchen 20
Spitzingsattel 34
Spitzingsee 34
Spitzstein 16
Spitzsteinhaus 17
St. Anton 70
Staffel 58
Staffel-Hochalm 58
Stanglwirt 39
Steinlingalm 8
Stimmersee 20, 22, 23
Strasseralm 54, 55
Streichenkapelle 12
Sulzersteig 52

Tatzelwurm 28, 29
Taubensee 12
Taubensteinbahn 34
Tegelberg 90
Tegelbergbahn 90
Tegelberghaus 90
Tegernsee 36
Tegernseer Berge 24
Tegernseer Hütte 46
Thiersee 20, 22
Tölzer Hütte 54, 55
Torscharte 66
Totenkirchl 20
Tratenbachweg 51
Trimini 60

Unterammergau 87
Unterlangkampfen 23
Unterwössen 12
Urfeld 61

Valepp 39
Veitenhof 21
Vogelkarspitze 66
Vordergraseck 75
Vorderkaiserfeldenhütte 20, 21
Vorderriß 66
Vordersbachau 66

Walchensee 58, 60, 62
Waldherralm 57
Wallberg 44
Wallbergbahn 38
Wallberghaus 39
Wallbergrunde 38
Wallfahrtskirche St. Anton 72
Wamberg 75
Wank 72
Wankbahn 72
Wankhaus 73
Waxensteine 72, 76
Wendelstein 30, 32
Wendelsteinalm/-höhle 33
Westliche Karwendelspitze 70
Wettersteingebirge 76
Wettersteinspitzen 70
Wildbad Kreuth 40
Wilder Kaiser 10, 20
Wildfeldalm 35
Wirtsalm 30, 31
Wolfsschlucht 40
Wössener See 12
Wuhrsteinalm 14, 15

Zellersee 12
Zugspitze 72, 76, 78
Zugspitzmassiv 89
Zwiesel 56

Impressum

Produktmanagenent: Sabine Klingan
Layout: Werner Poll, Putzbrunn
Kartografie: Achim Norweg, München
Herstellung: Thomas Fischer
Repro: Cromika s.a.s, Verona
Printed in Italy by Printer Trento S.r.l.

Haftung

Alle Angaben dieses Werkes wurden vom Autor sorgfältig recherchiert und auf den aktuellen Stand gebracht sowie vom Verlag geprüft. Für die Richtigkeit der Angaben kann jedoch keine Haftung übernommen werden. Für Hinweise und Anregungen sind wir jederzeit dankbar. Bitte richten Sie diese an:

J. Berg Verlag im C.J. Bucher Verlag GmbH
Postfach 800240
D-81673 München
E-Mail: lektorat@j-berg-verlag.de

Bildnachweis

Umschlagvorderseite: Blick vom Jochberg auf den Walchensee. Umschlagrückseite: Blick in den Isarwinkel (D. Fuchs).
G. Amberg: S. 78; P. Dinter: S. 71; W. Fischer: Titelfoto, S. 58, 59, 61, 67; D. Fuchs: S. 18/19, 21, 47, 48/49, 51, 89 (2); G. Knirk: S. 52; St. König: S. 62; W. Lauter: S. 60; W. Rauschel: S. 77, 81; alle übrigen Fotos von H. Bauregger.

Die Deutsche Nationalbibliothek – CIP Einheitsaufnahme. Ein Titelsatz für diese Publikation ist bei der Deutschen National-bibliothek erhältlich.

Aktualisierte Neuauflage

ISBN 978-3-7658-4063-0